여성을 위한 내 몸 설명서

한방부인과 전문의 황덕상의
여성 건강 처방전

황덕상 지음

여성을 위한
내 몸 설명서

EBS
BOOKS

프롤로그

한의학으로 본 여성의 몸속 원리

한의학에서는 우리 몸을 '소우주'라고 이야기한다. 사람의 몸속에 우주의 원리가 담겨 있기에 우리 몸은 우주의 법칙, 즉 자연의 법칙을 따르고 있다는 의미다. 특히 그중에서도 여성의 몸을 남성과 구별해 특별히 다루는데, 실제로 허준의 『동의보감東醫寶鑑』에는 다음과 같은 구절이 실려 있다.

남성 열 명보다 여성 한 명을 치료하는 것이 더 어렵다.

한의학 이론과 임상에서 현재도 많이 참고하고 인용하는 『동의보감』에서는 부인과학婦人科學에 해당하는 포문胞門과 산과학産科學에 해당하는 부인문婦人門에서 여성 건강을 심도 있게 다루고 있다. 이는 오늘날 한방병원의 진료 과목과 상당히 일치하는 모습이다. 여기에 더해, 같은 여성이라도 비구니나 남편을 먼저 떠나보낸 여성 등 특수한 상황에 처한 여성들에게는 다른 처방을 해야 한다고 언급한다. 모두 한의학이 여성 건강에 대한 남다른 이해를 바탕으로 하고 있다는 것을 보여준다.

또한 한자로 쓰인 한의서의 독자층이 왕이나 귀족과 같은 지식인이었다는 점에서, 유교 사상이 뿌리 깊었던 조선 시대에도 가문을 이어갈 부인들의 건강을 중요하게 여겼음을 알 수 있다. 이는 왕실에서 행해지던 의학이었던 만큼 오늘날 현대 여성에게 적용하기에도 모자람이 없는 깊이를 담고 있다.

여성의 건강을 한의학적으로 이해해야 하는 이유는 또 있다. 미국의 저널리스트 마야 듀센베리Maya Dusenbery는 여성 건강에 대한 서양의학의 구조적 문제를 지식의 간극과 신뢰의 간극이라는 표현으로 지적했다.[1]

쉽게 말해 몸의 생리적·병리적 연구와 약물 개발 시 남성의 세포나 수컷 동물을 사용하는 과정에서 여성과 남성의 신체 차이에 대한 이해는 간과되어 있으며, 이로 인해 약의 효과나 부작용 또한 달리 나타날 수밖에 없다는 것이다. 이처럼 의학이 발달한 오늘날에도 남성 생물학에 비해 여성 생물학은 모든 측면에서 알려진 바가 적으며, 이를 바탕으로 처방된 약과 치료에 많은 여성들이 불편함을 경험한다.

그런 의미에서 한의학에서 오래전부터 인식하고 있던 성별의 차이, 즉 젠더 디퍼런스gender difference에 대한 문제의식과 이를 바탕으로 한 다양한 처방들은 오늘날 현대 의학적인 측면에서도 중요한 의미를 지닌다. 이는 곧 여성 건강에서 한의학이 쌓아온 수천 년의 지혜가 여전히 유효한 이유이기도 하다.

한의학에서 바라보는 여성 건강법이란 차별의 건강법이 아닌 차이의 건강법이다. 남성과 여성은 자연의 낮과 밤, 해와 달, 불과 물처럼 동등하지만 다르게 접근해야 하는 존재이며, 월경과 임신, 출산뿐만 아니라 감기, 근육통, 소화불량 등의 일상 질환에서도 구분해 이해해야 한다.

그러나 여성 건강에서 의학적 치료보다 더 중요한 것은 생활 습관의 개선, 즉 일상 속의 작은 실천들이다. 병의 원인을 먹고 자고 생활하는 삶 속에서 찾아야 하는 것이다. 바쁜 생활에 치여 기본적인 식습관과 수면에 소홀하다면 근본적인 해결책을 찾을 수 없다. 우리 몸은 최신의 과학적 수단이 밝힌 사실에 따라 하루아침에 이뤄진 것이 아니다. 수천 년간 주변 환경에 적응하며 자연의 법칙에 순응하는 과정에서 자연스럽게 완성되었다.

그렇기 때문에 여성 건강을 위해서는 병증에 대한 전문적인 치료법이나 단편적인 지식보다는 여성의 몸에 관해 수천 년간 이어져온 한의학의 지혜를 바탕으로, 생활 속에서 실천할 수 있는 요소들을 살펴봐야 한다. 즉 여성의 몸속에 담긴 소우주의 원리를 바탕으로 한 생활 속 건강법이다. 한방부인과 전문의로서, 시간적 제약으로 진료실에서 못다 전한 깊은 이야기를 이제부터 시작하려 한다.

차례

1부
차이의 건강법
여성이기에 겪는 몸의 변화들

1장 월경, 반대로 다스리다

2장 임신, 마음을 다스리다

3장 출산, 때에 맞춰 다스리다

4장 폐경, 변화로 다스리다

5장 노년, 예방해서 다스리다

2부
일상의 건강법
치료가 필요한 몸의 변화들

1장 다이어트, 생각부터 다스리다

2장 불면증, 습관으로 다스리다

3장 수족냉증, 불균형을 다스리다

차이의
건강법

여성이기에 겪는 몸의 변화들

한의학에서 말하는 여성 건강법은 차별의 건강법이 아닌 차이의 건강법이다. 남성과 여성은 자연의 낮과 밤, 해와 달, 불과 물처럼 동등하지만 다르다. 여성 건강법은 그 차이를 인정하는 것에서부터 시작해야 한다.

1장

월경, 반대로 다스리다

. . .

음이 물과 그늘, 어둡고 잔잔하며 조용한 성질이라면, 양은 불과 햇볕, 활기차고 시끄러운 성질을 지닌다. 물을 잘 다스리려면 불을 잘 조절해야 하고 불을 잘 다스리려면 물을 잘 조절해야 하는 것처럼, 물에 해당하는 여성의 몸을 치료하기 위해서는 불을 잘 사용해야 한다.

정체관, 모든 것은 다 통한다

월경에 대한 기본적인 이해를 위해서는 여성의 몸을 이해하는 한의학적 세계관에 대해서 먼저 알아야 한다. 한의학에서는 우리 몸을 하나의 유기체로 보고 조화와 통일을 중요하게 생각한다. 이를 정체관整體觀이라고 하는데, 모든 인체 반응은 하나의 작용이 아니라 오장육부의 모든 장부와 이를 구성하는 정精, 신神, 기氣, 혈血이라는 기본 요소들이 서로 밀접한 영향을 주고받으며 일어난다는 의미다. 우리 몸에 나타나는 병을 온전히 한 가지 원인이 아니라 몸 안에 일어난 불균형, 즉 허실虛實의 편차로 생겨나는 것이라 본다.

낮이 있으면 밤이 있고, 여름이 있으면 겨울이 있는 자연처럼 한의학에서는 우리 몸의 건강을 위해서 음과 양이 조화를 이뤄야 한다고 본다. 음이 물과 그늘, 어둡고 잔잔하며 조용한 성질이라면, 양은 불과 햇볕, 활기차고 시끄러운 성질을 지닌다. 자연 속에서는 항상 음양이 공존하고 서로 조화를 이루는 것이 중요한 이치이다.

한의학에서는 우리 주변 모든 자연환경과 사람이 서로 영향을 주고받으며 반응하는 것처럼, 우리의 몸 안에서 발생하는 생리적 반응과 병리적 반응에도 일방적인 관계는 없다고 본다. 음이 있으면 양이 있으며, 이 둘은 항상 소통하면서 영향을 미친다. 하늘, 땅, 사회적 관계 등 우주를 이루는 요소와 우리 몸이 서로 밀접하게 반응한다는 의미의 천인상응天人相應 또한 상호주의적인 균형을 강조하는 한의학의 중요한 개념이다.

여성 건강에서 중요한 월경을 보더라도 그렇다. 월경과 관련된 반응은 시상하부 뇌하수체 자궁축의 호르몬 변화에 의해 일어나는데, 이때 자궁子宮은 뇌의 정보나 호르몬에 일방적으로 조종받기만 하는 것이 아니라 반대로 뇌에 있는 정보나 호르몬, 신경 등을 조절하는 것으로 알려져 있다. 놀랍게도 내분비학적 구조와 신경학적 구조에 대한 이해가 없던 수천 년 전부터 한의학에서는 이런 세계관을 바탕으로 여성의 몸을 이해하고 월경병을 치료해왔으며, 오늘날에는 여러 연구들을 통해 그 가치를 인정받고 있다.

한의학에서는 정상 월경을 자궁과 난소 등의 기능뿐 아니라 오장육부의 기능이 어느 정도 정상적으로 작용할 때 나타나는 것으로 이해한다. 월경이 단순히 호르몬의 변화가 아니라 그 이상의 의미를 갖고 있다고 보는 것이다. 한마디로 월경을 혈의 문제로 보고, 혈과 기를 상호의존적인 관계로 파악한다.

물론 단순히 월경을 고르게 하는 것이 여성 건강의 전부는 아니다. 하지만 때에 맞춰 영양을 공급하고 수면 습관을 올바르게 유지하고 기혈의 부족 혹은 과잉을 점검하며 혈의 순환을 위해 노력하는 과정에서 보다 건강한 몸에 가까워질 수 있다. 이는 곧 건강한 월경이 있기 위해서는 몸 전체의 건강이 기본적으로 뒷받침되어야 한다는 의미이다. 실제로 월경을 고르게 하는 과정을 통해 수족냉증이나 피부 결이 개선되고 피로를 덜 느끼는 등의 경험을 하는 여성들이 적지 않다.

결국 월경병의 원인을 여성의 생식기관에 국한해 생각하는 것은 한의학적으로나 서양의학적으로나 근원적인 방법이 아니다. 수면이 부족하거나 스트레스를 받았을 때 월경통이 심해진다거나 월경 주기가 변하는 등, 월경병에는 실제로 여러 내분비학적 기전이 있다. 따라서 여성의 건강을 이해하기 위해서는 여성의 몸 부분 부분을 이해하는 것과 더불어 몸 전체로 시선을 보다 확장해야 한다. 이것이 한의학에서 이야기하는 정체관적 의미의 균형이다.

일반화할 수는 없지만 대부분 여성은 음, 남성은 양적인 성격을 지닌다. 한의학에서는 양에 비해 순환이 원활하지 않은 음적인 성질을 진단하기 더 어려운 것으로 보는데, 이는 남성에 비해 여성의 치료가 어렵다고 이야기하는 이유이기도 하다. 실제로 여성은 남성에 비해 수족냉증이나 소화불량 또는 기 순환의 문제로 발생하는 화병을 더 많이 겪는다. 화를 발산하기보다 머무르고 담아두는 음적인 성격을 지녔기 때문이다. 따라서 한의학에서 여성을 남성과 달리 진단하고, 월경병 치료에도 비호르몬적 요법을 위주로 하는 것이다.

물론 음과 양이 전혀 다른 것은 아니다. 음을 잘 다스리기 위해서는 양의 성격을 잘 이해하고, 양을 잘 다스리기 위해서는 음의 성격을 잘 이해해야 한다. 결국 여성과 남성의 다름을 인정하고 음양의 조화를 이해하는 것이 여성 건강을 위한 시작이다.

음양의 조화는 한의학을 비롯한 동양학의 특징이기도 하다. 그런 의미에서 한의학은 과학과 의학을 비롯한 모든 문명의 발달 과정에서 동양학의 전통적인 의미를 실제 임상에서 활용하고 이어 감으로써, 여전히 여성 건강을 지켜주는 지혜로서 역할을 한다.

물을 잘 다스리려면 불을 잘 조절해야 하고 불을 잘 다스리려면 물을 잘 조절해야 하는 것처럼, 물에 해당하는 여성의 몸을 치료하기 위해서는 우리 몸 안의 불을 잘 조절해야 한다. 기가 순환되지 않으면 몸이 차고 붓게 되는데 이때 따뜻한 성질의 한약이나 순환을 돕는 침, 뜸을 잘 사용해서 온몸의 기혈 순환을 돕는 치료를 한다.『동의보감』에서는 월경을 음과 양의 조화로 해석한다.

월경혈은 음혈이다. 음은 반드시 양을 따르기 때문에 양의 기운인 화의 빛, 즉 붉은색을 띄므로 혈의 색은 붉은색이다. 또 혈은 기와 짝이 되므로 기가 뜨거우면 혈도 뜨겁고 기가 차면 혈도 차고, 기가 올라가면 혈도 올라가고 기가 내려가면 혈도 내려가고, 기가 뭉치면 혈도 뭉치고 기가 막히면 혈도 막힌다. 기가 맑으면 혈도 맑고 기가 흐려지면 혈도 흐려진다. 간혹 월경혈에 핏덩이가 나온 것은 기가 뭉친 것이고, 월경이 오려고 할 때 아픈 것은 기가 막혔기 때문이고, 월경이 끝난 다음에 아픈 것은 기혈이 다 허하기 때문이다. 월경혈의 색이 연한 것은 기혈이 허해서 물이 섞였기 때문이다. 월경 주기가 부정확하고 무질서하게 나오는 것은 기가 문란하기 때문이다. 월경혈 색이 자주색이면 기에 열이 있는 것이고 검은 빛이면 열이 심한 것이다.

월경 주기가 불규칙하거나 덩어리나 통증이 있는 것 모두 몸속 기와 혈, 즉 음과 양의 작용으로 해석했던 것이다. 그리고 이런 증세에 따라 기를 돌려주는 처방이나 혈을 보충하는 처방을 구분해 사용했다.

이처럼 한의학적 세계관은 여성호르몬에 대한 개념이나 이해가 없었던 수천 년 전에도 하나의 이론 체계로서 충실히 제 역할을 했으며 현대 임상 현장에서도 각종 효과적인 치료법의 이론적 바탕을 이루고 있다. 조금 더 넓게 보면 수천 년 동안 이어져온 건강에 관한 지혜와 의학적 근거가 뒷받침되는 현대의 치료 원칙이 여러 면에서 일맥상통하다는 것을 알 수 있다.

십규, 여성에게만 더해진 공간

여성과 남성을 구분하는 대표적인 신체 기관인 자궁은 생식 능력을 갖고 있는 여성 몸의 핵심 기관으로, 여성으로서의 생물학적 자존감을 포함하는 곳이다. 한의학에서 남성은 몸에 아홉 개의 구멍인 구규九竅가, 여성은 자궁을 포함해 십규十竅가 있다고 이야기하는 이유이기도 하다.

자궁은 한자 의미 그대로 보면 아기의 집을 말하지만, 여성의 몸에 집중해 생각해보면 다른 차원으로 이해할 수 있다. 왕족 시대에 궁궐이 온 나라의 정책을 결정하는 장소였던 것처럼, 한의학에서 바라보는 자궁은 단순히 생식기관의 역할을 넘어 여성의 몸속을 주관하고 결정하는 핵심 장소로 존재한다.

자궁은 단순히 임신과 분만을 위해서만 존재하지는 않는다. 자궁의 역할을 출산에만 집중해서 바라볼 경우, 자궁은 아기를 갖지 않을 여성에게는 더 이상 가치가 없는 근육 덩어리로 전락하고 만다. 보건복지부와 한국보건사회연구원의 2011년 발표에 따르면 우리나라의 자궁절제술 비율은 OECD 국가 중 가장 높았다.[2]

그러나 과거에는 무해하다고 여겨졌던 맹장이나 편도 등의 제거에 대해서도 오늘날 다양한 이견이 존재하는 만큼, 자궁은 그리 단순히 취급할 장부가 아니다. 특정 질환 때문에 자궁을 포기해야 하는 경우도 있지만 이를 제외하고는 자궁을 단순히 신체의 한 기관으로 보고 기능적인 역할만 강조해서는 안 된다. 실제로 자궁 질환으로 자궁적출술을 받은 후 감기에 잘 걸리거나 아랫배나 손발이 차가워지고 소화력이 약해지는 등의 불편함을 호소하는 여성들이 적지 않다.[3]

해부학적으로도 자궁은 골반 내부에서 가장 중요한 인대들과 교각처럼 평평하게 균형을 이루는, 몸의 대들보 같은 역할을 한다. 이 대들보가 튼튼히 균형 잡혀 있어야 신체 활동을 할 때 제대로 힘을 쓸 수 있는 기능적 바탕이 마련된다. 집의 대들보가 망가졌다고 쉽게 들어내면 집 전체가 무너질 위험에 처하듯이, 자궁 제거가 여성 건강에 미치는 영향은 결코 단순하지 않다. 몸의 대들보가 망가지면 새로운 것으로 다시 세울 수 없다.

한의학에서는 자궁을 혈실血室이라고 해서 피가 머물러 들어가고 나오는 곳으로 본다. 자궁의 혈액순환이 원활하면 온몸의 체온이 따뜻하게 유지되지만, 허혈虛血 상태로 순환에 이상이 생기면 아랫배나 손발이 차고 월경통 같은 문제도 나타난다. 이렇듯 자궁은 아랫배에서 혈을 머금은 상태로 위치하며 몸을 따뜻하게 해주는 기능을 한다.

그런 의미에서 한의학에서는 자궁을 생명의 근원, 즉 명문命門이라고도 이야기한다. 실제로 자궁은 여성의 월경을 주관하는 역할을 할 뿐만 아니라, 면역력을 높이고 진통 작용이 있는 물질을 만들어낸다. 자궁을 여성 몸의 제약 공장이라 표현하는 이유이기도 하다. 자궁은 여성에게 일생의 건강뿐만 아니라 새로운 생명을 잉태함으로써 엄마와 아기의 생명과 건강의 근원이 되는 포胞인 것이다.

따라서 한의학에서는 자궁과 관련된 여성 질환을 대할 때 그 원인을 호르몬 변화에만 집중하지 않고 여성 몸의 전반적인 불균형, 순환이 막히는 담음痰飮이나 어혈瘀血까지 고려해 치료하는 것을 매우 중요하게 생각한다. 다양한 여성 질환이 재발해 반복적인 치료를 받는 환자들의 경우, 면역력 저하나 스트레스가 원인이라고 할 수도 있지만 자궁과 아주 밀접하게 연관되어 있는 오장육부의 기혈 허실이라는 기능적인 문제가 원인일 수도 있다.

허혈, 통증에는 원인이 있다

월경은 여성으로서 생애 가장 먼저 경험하게 되는 건강상의 변화다. 그런 만큼 월경 주기 또는 월경량이 일정하지 않거나 무월경을 겪는 월경불순을 비롯해, 월경통, 월경 전 증후군, 부정 출혈 등으로 신체적·정신적 고통을 호소하는 여성이 적지 않다.

월경 주기는 월경 시작일 사이의 간격이 21~35일, 평균적으로 28일인 경우 정상 범위에 해당한다. 월경불순이란 월경을 한 달에 두 번 하거나 혹은 두세 달에 한 번 하거나, 월경을 할 때 열흘 이상 하는 등 월경 주기와 양상이 비정상적인 경우이다. 이는 주로 내분비 호르몬 조절의 실조失調, 정신적 스트레스, 혈액 질환 등에 의해 발생한다. 다만 월경을 시작하는 사춘기와 월경이 끝나는 폐경기에는 여성의 호르몬 체계에 변화가 나타나므로 병적인 주기 이상으로 보지는 않는다.

그 외의 연령대에서 월경 주기가 규칙적이었던 여성이 평소 월경 주기의 세 배 이상의 기간 동안 월경이 없거나 24일 이내의 주기로 월경이 되풀이되는 경우에는 원인을 찾아 적극적인 치료를 받아야 한다. 임신한 경우 무월경인 것은 당연하지만, 신체적·정신적 스트레스, 심한 운동, 무리한 다이어트로 시상하부가 제 기능을 못 한 결과 시상하부성 무월경이 생기기도 한다. 그 밖에도 비만, 다낭성난소증후군, 갑상선 기능 이상, 당뇨병, 전신 질환이 있는 경우에도 월경이 불규칙할 수 있다.

한편 50퍼센트 이상의 여성이 경험한다고 할 만큼 흔한 질환인 월경통은 크게 일차성 월경통과 이차성 월경통으로 구분된다. 일차성 월경통은 골반 내에 특별한 이상 질환이 없는 경우를, 이차성 월경통은 자궁내막증, 자궁근종, 자궁선근증, 골반울혈증후군, 골반 내 염증 등 확실한 원인 질환이 있는 경우를 말한다. 일차성 월경통의 경우 초경을 시작한 청소년기 여성들에게 많이 나타나는데, 월경을 시작하고 초기 72시간 동안 일어나며 여성의 10퍼센트 정도는 일상생활에 지장을 받을 정도로 심한 통증을 겪는다.

본래 월경은 자궁내막의 출혈을 지혈시키기 위해 분비된 프로스타글란딘prostaglandin이라는 근수축 호르몬에 의해 혈관이 수축된 결과 발생하는 자연스러운 생리 변화다. 그런데 이때 자궁에 무엇인가가 뭉쳐 있거나 자궁 주변의 골반을 구성하는 여러 근육들에 올바른 균형이 깨져 근육이 짓눌렸을 경우 일차성 월경통이 발생한다. 통증이라는 증상에만 초점을 맞춰보자면 일차성 월경통의 대표적인 원인은 근수축 호르몬이기 때문에, 특별한 원인을 밝히기 힘들어 치료에 어려움을 겪는 경우가 많다.

월경통이 심한 경우에는 거울 앞에 똑바로 서서 어깨가 기울지 않았는지, 엉덩이가 짝짝이는 아닌지 살펴볼 필요가 있다. 만약 치마를 입었을 때 치마가 한쪽으로 돌아간다면 골반이 한쪽으로 기울어져 있을 수 있다. 양쪽 다리의 보폭이 다르거나 신발 굽이 한쪽만 닳고 눈을 감고 걸었을 때 똑바로 가지 못하는 경우도 마찬가지이다. 다리를 꼬는 자세에서도 특별히 편한 방향이 있거나 균형 잡기가 어려운 쪽이 있다면 이 또한 골반이 불균형하다는 증거이다.

일차성 월경통의 비약물 치료에는 침이나 경피신경전기자극술transcutaneous electrical nerve stimulation, TENS이 유용한 것으로 알려져 있다. 그중 침은 한의학에서 월경통을 치료하는 대표적인 방법이다. 비스

테로이드항염증제nonsteroidal antiinflammatory drugs, NSAIDs를 쓰거나 무작정 참는 것보다 진통 효과 면에서 효과적인데, 연구에 따르면 엔도르핀endorphin과 같은 신경전달물질을 유도해 통증 신호를 차단하거나 자궁 주위 혈류 순환을 개선시키는 것이 그 기전이 된다.[4]

반면 이차성 월경통은 월경을 시작하고 72시간 이후의 후반기에 통증이 더욱 심해지는 특징을 보이고, 진통제를 복용해도 통증이 잘 완화되지 않는 경우가 있다. 청소년기에 월경통을 겪지 않았던 여성들 중 20~30대에 접어들어 갑자기 월경통이 생긴 경우, 진통제만으로 월경통을 참는 것은 옳지 않다.

월경통의 통증에 대한 감수성은 개인차가 심한 만큼, 단순히 통증 양상이나 증상의 정도 등을 주관적으로만 판단해서 성급하게 자가 진단해서는 안 된다. 원인이 될 만한 근본적인 질환을 객관적인 검사를 통해 찾아내 치료해야 한다.

한의학에서는 월경통을 순환의 관점에서 이해한다. 불통즉통 불영즉통不通則痛 不營則痛, 즉 어딘가가 막혀서 잘 흐르거나 통하지 않으면 아프고, 혈이 충분하게 공급되지 못해도 아프다는 의미이다. 월경통을 기혈이 통하지 않아 혈이 충분히 공급되지 못한 결과 허혈 상태에 이르러 발생한 것이라 보는 것이다.

따라서 일차성 월경통의 경우 진통제로 순간의 통증을 멈추는 것이 아닌, 몸속에 막혀 있던 곳을 통하도록 이어주고 부족한 것을 채워주는 데 초점을 맞춰야 한다. 그러므로 한의학에서는 단순히 진통제만 복용하는 것이 아니라, 막힌 곳을 뚫어주고 부족한 것을 보충해주는 것을 치료의 근본으로 삼는다.

월경통을 치료할 때는 월경통이 생기는 시기에 따라 처방을 구분한다. 월경 전에 통증이 심한 경우에는 기가 돌지 못하는 기체氣滯, 월경 중에 통증이 심한 경우에는 노폐물과 나쁜 혈액이 쌓인 어혈, 월경 후에 통증이 심한 경우에는 몸속 혈액에 해당하는 음이 부족한 상태인 혈허血虛에서 기인하는 것으로 본다. 이에 따라 기체를 풀어주는 처방을 쓰거나, 어혈을 없애는 효과의 처방을 쓰기도 하고, 완전히 보혈補血을 해주는 처방을 쓰기도 한다.

한의학에서는 월경통을 진통제에만 의존해 참고 버티면 지나가는 증상으로 대하지 않는다. 각 시기에 따라 원인을 달리 보고 증상을 진단함으로써, 같은 월경통도 다르게 치료한다. 여기에는 여성 몸의 전체 균형과 순환을 고려하는 지혜가 숨겨져 있다.

흔히 월경통을 집안 내력으로 보고 통증을 견디는 경우가 적지 않지만, 증상의 정도가 심하다면 반드시 확인이 필요하다. 검사를 받아보면 단순 원발성 월경통이 아닌 자궁내막증으로 진단받는 경우도 흔하다. 자궁내막증은 가족력이 있는 질병으로, 직계가족이 자궁내막증을 앓은 경우 발병률이 7~10배 정도 더 높아진다.

자궁내막은 자궁의 가장 안쪽 공간을 이루는 층으로, 임신 과정 중 배아가 자궁에 착상할 때 가장 먼저 만나는 공간이기도 하다. 이 자궁내막 조직이 생리혈의 역류로 난소, 나팔관, 복막과 같은 자궁 바깥 공간에 붙어 자라는 것이 자궁내막증이다.

그 원인으로는 초경은 빨라졌으나 결혼이 늦어지며 늦춰진 임신과 출산, 직장 생활 스트레스, 급격한 다이어트 등으로 생긴 영양 불균형, 불규칙한 생활 습관 등을 꼽을 수 있다. 자궁내막증은 치료 후에도 재발하기 쉬운 만큼 생활 습관을 개선하는 것과 함께, 한의학에서 순환의 문제로 생기는 것이라 보는 담음이나 어혈을 없애주는 치료를 함께 고려하는 것이 좋다.

월경통과 항상 함께 다루는 것 중에는 월경 전 증후군도 있다. 월경 전 불쾌 증후군이라는 개념으로, 월경 주기가 되면 기분과 행동이 변화하는 것을 말한다. 월경 전부터 복부팽만이나 유방통, 불안, 긴장, 우울, 피로, 의욕 저하, 이유 없는 짜증, 집중력 저하, 식욕 변화 등의 양상이 나타난다. 일상생활에까지 적지 않은 영향을 미칠 정도이지만 월경이 끝나면 언제 그랬냐는 듯이 증상들이 모두 사라진다.

가임기 여성의 약 3~5퍼센트가 심각한 증상을 보이며, 정확한 원인은 아직까지 밝혀지지 않았다. 다만 월경 전 증후군 또한 한의학적으로 보면 순환의 문제라 할 수 있다. 몸에서 기가 잘 돌지 못한 결과 심리적 영역에까지 영향이 이어지는 것이다.

이런 월경 관련 질환이 아니더라도 여성은 기혈의 순환이 원활한지 아닌지를 매달 월경을 통해 스스로 확인할 수 있다. 그만큼 월경은 자궁의 건강을 판별하는 척도이자 여성 건강의 지표다. 한의학에서 여성 건강을 진단할 때 월경 주기와 통증 유무, 월경의 양이나 색 등을 확인하는 것도 자궁의 건강뿐만 아니라 몸의 기혈 상태를 알기 위해서다. 때로는 가끔 어지러움만 느끼는 혈이 부족한 몸 상태가 월경통을 유발하는 원인일 수 있다.

조경, 월경을 고르게 하는 법

한의학에서 조경調經, 즉 월경을 고르게 하는 것은 여성 건강을 위한 가장 중요한 원칙이다. 경치를 아름답게 꾸민다는 의미의 조경造景과는 다른 한자를 사용하지만, 의미는 어느 정도 일맥상통한다. 건강한 정원을 만들기 위해 조경을 잘해야 하는 것처럼, 건강한 몸을 만들기 위해서도 조경을 잘해야 하기 때문이다.

꽃과 나무를 잘 자라게 하고 열매를 풍성히 맺게 하기 위해서는 땅에 거름을 잘 주고 영양을 충분히 공급해주는 것이 기본이다.

월경 또한 마찬가지이다. 규칙적인 식사와 적절한 영양 공급, 운동이 무엇보다 중요하다.

규칙적인 식사에서 말하는 규칙이란 곧 절도節度 있는 식사 습관을 말한다. 매일 한 끼를 먹지만 때를 정해놓지 않는다면 절도가 없는 식사다. 우리는 복잡한 일상을 살아가지만 하루 일과 중 아침, 점심, 저녁이라는 적절한 시간에 규칙적으로 먹어야 한다. 이때 영양을 너무 과하거나 부족하게 섭취해서도 안 된다. 우리 몸의 당분을 조절하는 능력에 변화가 생겨, 고도 비만이나 저체중이 되어도 월경불순이 생길 수 있다. 이는 정원의 꽃과 나무에 거름을 적당히 줘야 하는 것과도 같은 이치이다.

또한 때가 되면 물을 흠뻑 줘서 땅에 촉촉하게 수분을 공급해주는 것이 중요한 것처럼 우리 몸에도 물을 충분히 보존해야 한다. 우리 몸에서 물은 혈이며, 자궁은 이를 모아놓은 공간이다. 월경 주기에 맞춰 혈이 찼다 줄었다 하는데, 이때 혈액이 부족하면 월경 양이 부족해질 수 있다. 이와 더불어 골반이 틀어졌을 경우 몸의 중심을 바로잡는 코어 운동을 해주는 것도 좋은 방법 중에 하나이다.

우리 몸의 음혈이 부족해지는 대표적인 원인은 수면 부족이다. 밤 근무를 하거나 교대 근무를 하는 여성들에게는 월경통이나 월경불순이 많이 나타난다. 아무 때나 긴 시간 자는 것이 아니라 보통 자시子時라고 하는 밤 11시부터 다음 날 새벽 1시 사이에 잠드는 것이 중요하다. 이때 분비된 여성호르몬은 몸속 혈을 만들어 음의 기운이 원활히 순환하도록 돕는다.

월경통 외에는 건강상에 큰 문제가 없다고 생각하는 사람도 불규칙한 생활 습관을 장기간 지속할 경우 그 나이에 맞는 건강을 유지하기 어려워진다. 젊은 나이에 만들어야 하는 건강 습관이 있는 것이다.

앞서 이야기했듯이 월경은 중추신경계, 즉 우리 뇌에 위치한 시상하부 뇌하수체와 함께 전신의 신경과 호르몬에 밀접한 영향을 받는다. 먹고 자는 일상생활, 스트레스, 운동 등에 관여하는 다양한 신경학의 내분비학적 자극에 의해 월경 주기가 바뀌거나 월경통도 생기는 것이다. 실제 여성의 생애 건강에서 월경과 관련된 질환은 대부분 사춘기 이후의 생활 습관에 따라 결정된다.

입에 쓴 음식이 몸에는 좋듯이, 초콜릿이나 아이스크림 등 단음식은 몸에 좋지 않다. 단 음식이 월경통을 심하게 하거나 월경전 증후군을 악화시킨다는 것은 이미 여러 연구를 통해 입증되었다.[5] 초콜릿 바를 매일 두 개 먹으면 월경통 발생 위험이 세 배로 증가한다는 연구 결과도 있다.[6]

특히 건강한 탄수화물이 아닌 설탕과 같은 정제당은 여성 질환에 치명적이다. 다낭성난소증후군으로 월경불순을 겪는 여성의 경우 인슐린insulin을 조절하는 당뇨약을 사용했을 때 예후가 좋아지고 임신 가능성이 높아지는 경우도 있다. 그만큼 당 섭취 조절이 여성의 월경과 관련해 중요하다는 의미다.

온도 또한 잘 조절해야 한다. 순환이 잘 이뤄지지 않는 여성은 더운 여름에도 손발이나 배가 차거나 에어컨 바람을 쐬지 못하며, 월경통이나 월경불순을 동반하는 경우가 많다. 꽃과 나무가 잘 자라기 위해서는 적당한 온도와 습도가 필요하듯이 여성의 몸도 일정한 체온을 유지하는 것이 중요하다. 단순히 체온을 전체적으로 올리는 것이 아니라 손발 끝까지 기혈이 순환하며 잘 퍼져나가게 해야 한다.

그런 의미에서 찬 음식 또한 몸의 순환을 막아 통증을 불러온다. 평소 찬 음식을 좋아하면 월경통이 있는 기간에는 조금 줄이는 것도 좋은 방법이다. 통증이 있을 때는 아랫배나 허리를 따뜻하게 찜질하는 것처럼 몸속 또한 따뜻하게 유지하는 것이 중요하다. 이때는 너무 짧은 옷을 입거나 찬 곳에 앉는 것도 피하는 것이 좋다.

의료 현장에서 만나는 많은 여성들이 지나간 시간에 대한 후회와 아쉬움을 토로한다. 때에 맞춰 관리하고 치료받지 못한 결과 질병이라는 피할 수 없는 현실에 이르렀기 때문이다. 진통제는 통증을 순간적으로 잊게 해줄 뿐이지만, 생활 습관을 개선하면 일생의 순간순간마다 마주할 다양한 통증이 비켜가게 할 수 있다. 이 사실을 꼭 기억했으면 한다.

2장

임신, 마음을 다스리다

. . .

건강한 임신을 위해 가장 필요한 것은 임신을 대하는 마음가짐이다. 난임은 신체적으로 문제가 없는 원인 불명인 경우가 많은데, 임신은 체력상의 기능적 저하뿐 아니라 심리적 요인으로도 어려울 수 있다. 이를 인정해야 비로소 임신을 위한 몸과 마음이 준비되었다고 할 수 있다.

난임, 병으로 바라봐야 할까

임신은 여성이 일생 동안 신체적으로 겪는 가장 큰 변화 중 하나로, 과거에만 해도 여성의 도리나 역할로 당연하게 여겨졌다. 그러나 오늘날에는 임신을 남녀의 선택으로 본다. 우리나라의 경우 여성의 사회 진출과 복지 제도의 한계 등 여러 요인들 때문에 세계 최저 수준의 출산율을 기록하고 있다. 하지만 한편에서는 임신을 간절히 원하는데도 난임難姙으로 고통을 호소하는 경우도 적지 않다. 보건복지부와 보건사회연구원의 2017년 발표에 따르면 우리나라의 난임 부부 중 체외수정이나 인공수정 등의 보조 생식술을 시도하는 경우의 51.8퍼센트는 원인 불명이었다.[7]

불과 수십 년 전만 해도 우리나라의 가족 구성은 대가족의 형태였다. 가족 중 누군가의 임신과 출산을 지켜볼 계기가 자연스럽게 마련되었고, 그 과정에서 임신 중 발생하는 문제와 해결법 또한 생생한 경험으로 얻을 수 있었다. 하지만 오늘날에는 인터넷이나 책으로 관련 지식을 공부하지 않으면 임신과 출산에 대해 가까이 접할 기회가 거의 없다.

예를 들어 임신을 준비할 때 받는 산전 검사의 경우 보건소에서 무료로 받을 수 있지만, 이런 정보뿐만 아니라 검사의 존재 자체를 모르는 사람들도 많다. 자신의 직업 분야에서는 전문성을 가진 뛰어난 사람이라 해도 임신과 관련해서는 첫걸음마를 떼는 수준일 수 있다.

물론 관련 지식이 풍부하다고 임신이 원활히 이뤄지는 것만도 아니다. 그중에는 잘못된 정보도 있을 수 있으며, 그런 정보를 바탕으로 의지만 불태워서는 좋은 결과가 나오지도 않는다. 하지만 임신이 학습이 아닌 본능에 의한 자연스러운 결과라고 해도, 스스로 잘못된 실천을 하고 있지 않은지 점검할 필요는 있다. 건강하게 임신하기 위해 어떻게 해야 할지는 스포츠에 비유하면 더욱 이해하기 쉽다.

첫째, 기술을 내 것으로 만들어야 한다. 스포츠에서는 아무리

훌륭한 코치가 곁에서 기술을 전수해준다 해도 내 몸에 익지 않고 내 것이 되지 않는 이상 좋은 성적을 내기 힘들다. 임신 또한 마찬가지이다. 산부인과에서 배란일을 정확하게 지정받더라도 부부 사이가 몸과 마음의 공감과 노력이 빠진 채 긴장되어 있다면 임신은 어려울 수밖에 없다.

둘째, 기초 체력이 중요하다. 기술은 익혔어도 기본적인 체력이 부족하면 금방 지치고 부상까지 당할 수 있다. 임신 또한 몸의 기능적인 면에서는 문제가 없는데도 체력이 뒷받침되지 않아 어려운 경우가 많다. 만약 이 경우 시험관 시술을 한다고 해도 성공률이 떨어질 수밖에 없다.

셋째, 너무 긴장하면 실패하기 마련이다. 스포츠에서는 다른 선수들보다 상당히 우수한 신체 조건을 가졌으면서도 긴장한 나머지 마지막 결승에서 실수하는 경우를 종종 목격한다. 실제로 난임 진료를 온 부부에게 항상 강조하는 이야기가 있다. 임신이란 그 자체가 목표가 아니라 부부가 사랑하는 과정에서 생겨나는 자연스러운 결과라는 점이다.

임신은 업무 프로젝트가 아니다. 임신과 출산, 이후 아이의 학교 입학까지를 계획표 짜듯 촘촘하게 설계하고, 성공하려는 마음으로만 너무 긴장한 채 매달려서는 안 된다. 임신은 단순히 생물학적인 기전으로만 이뤄지는 것이 아니라 심리적인 영향이 매우 크기 때문이다.

넷째, 결과를 예측할 수 없다. 이미 경기 결과가 정해진 스포츠는 스포츠가 아니듯이 임신도 마찬가지이다. 아무리 모든 노력을 다해도 실패할 수 있다. 중요한 것은 실패했다고 실망하는 것이 아니라, 자신의 노력을 인정해주고 결과에 승복하는 것이다. 자책하거나 스트레스를 받는 것은 임신에 역효과만 불러올 뿐이다. 자연의 흐름처럼 이번에는 실패했다면 다음에는 가능할 것이라는 여유로운 마음가짐이 중요하다.

본래 임신이란 지극히 정상적인 생리 과정이다. 사람이 자연의 일부인 만큼 당연히 임신도 우리 몸과 마음에 자연스러운 변화로서 생기는 것이다. 하지만 결혼을 하는 시기도 많이 늦어지고, 사회 환경도 변하면서 우리 몸도 그에 따라 변화하게 된다.

진료실에서 난임 부부들을 만나 이야기해보면 쉽게 임신이 되지 않아 당황하는 이들이 많다. 결혼 시기만 늦어졌을 뿐 신체는 건강하기 때문에, 마음만 먹으면 임신도 쉽게 성공할 것이라 생각하는 것이다. 여성의 경우 30대 중후반이 넘어가면 난임을 걱정하는데, 이때도 월경 주기가 규칙적이고 건강상 큰 문제가 없다면 당연히 임신이 될 것이라고 생각하는 경우가 많다. 이런 상황에서 임신에 실패하면 상당히 큰 좌절감을 겪고 문제점이 무엇인지 몰라서 혼란스러워한다.

하지만 의학적으로도 정상적인 남녀가 한 번의 월경 주기당 임신에 성공할 가능성은 20퍼센트 정도에 불과하며, 배란 주기에 맞춰 임신을 시도한다 해도 임신 가능성은 35퍼센트 이상이 되지 않는다. 일반적으로 임신을 하는 데 걸리는 기간은 3개월 57퍼센트, 6개월 72퍼센트, 1년 85퍼센트, 그리고 2년 93퍼센트 정도라고 한다. 이쯤되면 임신이 생각보다 만만치 않다는 것을 눈치채야 한다.

하물며 젊은 남녀도 이런데, 오늘날과 같이 결혼 연령대가 높아진 상황에서 35~40세의 남녀가 임신에 성공하기 어려운 것은 당연하다. 호르몬을 비롯해 임신과 관련된 생식 능력은 조금씩 감소하다 40세 이후에는 급격히 떨어진다. 임신의 현실에서 가장 먼저 깨달아야 할 것은 임신 가능성이 생각보다 낮다는 사실이다. 심지어 의학적 도움을 받더라도 임신하기 어려운 사람들이 아직 많다.

난임을 극복하고 건강하게 임신하기 위해서는 병을 치료하는 관점에서가 아니라, 사랑의 결과물로서 임신이 더욱 자연스럽게 이뤄지도록 노력해야 한다. 시술이나 치료뿐 아니라 남녀 모두의 건강과 스트레스를 관리하며 먹고 자며 일상을 공유하는 자연스러운 관계에도 긍정적인 변화를 줘야 한다. 그런 사랑의 과정 속에서 임신은 지극히 자연스럽게 찾아온다.

난임의 원인은 잘 알려져 있지 않으며, 안다고 해도 임신에 성공하기 위해서는 기질적인 원인만 해결하는 것으로는 부족하다. 임신은 감정과 같은 심리적 요인에까지 매우 밀접하게 관련되어 있기 때문이다. 아마도 이 점은 과학이 발전해도 여전히 해결하기 어려운 부분으로 남아 있을 것이다. 임신 성공이라는 목표점만 보지 말고, 부부가 만나서 사랑하는 지극히 자연스러운 과정 중에 임신이 있다고 생각해야 한다.

배란일을 따져서 그날이 되면 올림픽 선수가 금메달전에 임하는 것처럼 긴장 속에 시도를 하고, 또 임신 성공 여부를 확인할 때는 양궁 경기 결승전에서 역전 가능한 마지막 한 발의 화살을 쳐다보듯이 초조하게 지켜보지는 말자는 이야기다. 마지막 화살은 과녁에 꽂히기 전 푸르른 하늘과 아름다운 구름들을 먼저 스쳐간다.

사랑하는 사람들이 만나 서로의 삶을 풍성하게 가꿔가는 하루하루가 소중한 생명을 잉태하는 것만큼 중요하다. 임신이 불가능하다는 부정적인 의미의 불임이라는 말 대신 임신이 어렵다는 의미의 난임이라는 말을 사용하는 요즘의 경향도 같은 맥락에 있다.

충분한 가능성을 열어주기 때문이다. 더불어 생명에 대해서, 아이들의 존엄성에 대해서, 인생의 즐거움에 대해서 현실적으로 고민해보는 시간을 갖는 것이야말로 임신의 현실에 더 적합한 것은 아닐까 싶다.

기울, 기가 막힌 스토리

임신을 위해서는 배란 주기뿐만 아니라 일생에서의 적절한 타이밍을 맞추는 것도 중요하다. 월경이 매달 규칙적이고 몸에 질병이 없다고 해도 임신이 안 될 수 있다는 것을 인정하고, 만약 남녀의 나이가 남성의 경우 40세, 여성의 경우 35세가 넘었다면 조금 더 빠르고 적극적인 방안을 찾아 나서는 것이 도움이 된다.

자연 임신만 시도하다 1년에 이르는 시간을 그냥 지나칠 것이 아니라, 35세 이후 임신을 적극적으로 시도한 지 6개월이 지난 뒤부터는 적극적으로 난임의 원인을 찾고 치료법을 함께 모색하는 것이 좋다. 이 과정에서 서양의학적 검사를 통해 자궁의 난소나 난관에 문제가 발견된 경우에는 적절한 시술이 필요하다. 임신이 가능한 구조적 환경이 마련되지 않은 상태에서는 어떤 좋은 약도 들지 않는다.

먼저 난임 전문 산부인과에서 다양한 검사를 통해 구조적 상태를 진단한 후에는, 한의학에서의 기능적 상태를 파악하고 심리 평가를 통해 건강한 임신을 위한 준비를 해야 한다. 의학이 아무리 발달하고 보조 생식술이 개발된다 해도 남녀 사이에 자연스럽게 이뤄진 임신이야말로 건강한 한 생명을 탄생시키기 위한 가장 성공적이고 건강한 방법이다.

임신이 건강한 출산으로 이어지기 위해서는 구조적·기능적 부분들만큼 심리적 영역 또한 간과해서는 안 된다. 임신을 위해서는 건강한 몸만큼 평온한 마음도 중요하다. 이런 다양한 평가를 통해 얻은 결과들은 임신을 위한 작전의 기초 자료와도 같다.

이에 따라 원인 불명의 난임 치료에 한의학과 서양의학적 치료를 조화롭게 융합하는 사례가 국내외적으로 늘어나고 있다. 그러나 임신에 도움을 주는 한의학적 치료법들이나 핵심 내용들은 여전히 많이 알려지지 않은 것이 사실이다. 한의학에는 몸이 자연스럽게 건강해지면서 임신에도 도움이 되는 많은 지혜가 담겨 있다. 이를 제대로 전달할 수 없는 현실적 제약에 많은 안타까움과 아쉬움이 남는다.

난임의 원인에는 여러 가지가 있지만, 원인조차 밝혀지지 않은 경우가 더 많다. 그런 만큼 서양의학에서는 검사상 아무 이상이 발견되지 않을 경우 원인 불명이라 진단한다. 반면 한의학에서는 몸속 기능 저하에서 그 원인을 찾는다. 허증虛證이라는 개념으로, 쉽게 말해 몸속에 기가 부족해 생리 기능이 감퇴된 상태다. 이에 따라 허증의 부분들을 개선시켜 기능을 올리는 방식의 치료를 진행한다.

한의학의 기울氣鬱, 담음, 어혈은 난임을 개선하고 건강한 임신에 성공하는 데 중요한 핵심 개념이다. 기울이란 기가 통하지 않는 것으로, 가슴이 답답하고 이유 없이 몸이 아프며 어지러움증, 불면증이 나타나거나 심하면 우울증까지 겪는다. 또한 기가 순환하지 못하면 담음이나 어혈이 생기게 되는데, 여러 가지 신체적 통증까지 동반한다. 한의학에서는 이런 기 순환의 문제를 여성의 특징적인 병인들 중 남성과 다른 하나로 꼽는다.

특히 난임으로 고생하는 여성 중에는 현맥弦脈 또는 긴맥緊脈이라 해서 굉장히 긴장된 맥상을 갖고 있는 경우가 있다. 기운이 긴장되어 있고 스트레스가 많다는 의미이다. 이 경우 계속해서 이야기를 이끌어내 마음속 말들을 자연스럽게 털어놓도록 유도하기도 한다. 스스로가 긴장되어 있다는 것을 깨닫고 함께 해결해나가는 과정에서 치료가 이뤄지는 것이다. 몸뿐만 아니라 마음속에 막혀 있던 것도 통하게 해서 순환되도록 하는 것, 즉 막힌 기혈을 뚫어주는 것이다.

몸에서 뭉친 기가 잘 소설疏泄되지 않아 생기는 담음이나 어혈은 모든 여성 질환의 원인이라 할 만큼 한의학에서 여성 질환을 바라볼 때 매우 중요하게 생각하는 병리적 개념들이며, 치료의 방향을 설정하는 핵심이 된다. 담음이란 체내에 수액이 잘 순환하지 못해 만들어진 병리적 물질로, 질병의 원인뿐만 아니라 결과이기도 하다.

즉 담음은 식습관을 비롯한 생활 습관, 칠정七情, 스트레스, 노권상勞倦傷이라는 육체적·정신적 과로의 결과이면서, 심리적 우울 증상이나 목에 가래가 붙은 듯이 생기는 매핵기梅核氣처럼 신경성으로 오는 증상 등 정신적 문제의 원인이기도 하다. 온몸에 기가 순환되지 않는 문제는 외기의 나쁜 기운이나 감염 외에도 정신적 스트레스로 초래될 수 있으며, 이것이 여성 질환을 유발할 수 있다고 보는 것이다.

칠정이란 기쁘고[喜] 화나고[怒] 근심하고[憂] 생각하고[思] 슬프고[悲] 두렵고[恐] 놀라는[驚] 희노우사비공경喜怒憂思悲恐驚의 감정이다. 한의학에서는 이처럼 사람의 감정을 일곱 가지로 나누고, 이들이 지나치면 기 순환을 막고 질병을 일으킨다고 본다. 그렇기 때문에 심리 평가를 통해 혹시라도 있을지 모르는 무의식적인 스트레스의 원인을 찾고, 심리적 조급함이나 압박감 등을 파악해서 해결책을 찾고자 한다.

보통 담음이 원인인 난임의 경우 난소나 자궁의 기능이나 혈을 보충해주는 약에 담음을 제거해주는 이진탕二陳湯을 함께 썼을 때 임신에 더욱 도움이 되기도 한다. 이외에도 평소 온몸이 쑤시거나 담이 잘 걸리는 등 통증을 달고 사는 경우, 빈혈이 없는데도 어지럼증을 자주 겪는 경우, 건강검진에서는 정상이지만 이유 모를 통증이 있는 경우 담음이 원인일 가능성이 크다.

한편 난임 외에도 젊은 여성들이 많이 겪는 다낭성난소증후군과 그로 인한 무월경이나 월경 주기 이상, 대하, 그리고 근종, 선근증 등의 종양 질환도 담음이 원인인 경우가 많다. 다소 모호하게 느껴지지만 여성 질환 모두의 원인으로 삼을 만큼 건강과 밀접한 연관을 갖고 있는 개념이다.

한편 순환되지 않은 나쁜 피인 어혈은 혈관을 흐르는 것 외에도 몸 구석구석 전체에 퍼져 있는 넓은 피의 개념이다. 피가 한쪽에 뭉치는 증상이나 신체적 통증으로 니타니는데, 외부 충격이 아닌 내부 장기 기능의 불균형도 원인이 된다. 월경 시 덩어리 혈이 나오거나 월경통, 종양 질환, 자궁내막증을 앓거나 심지어 암에 걸렸을 경우에도 어혈을 제거하는 치료를 기본으로 삼는다.

이를 위해 한의학에서는 한약이나 침, 뜸, 좌훈 등으로 기혈의 순환을 원활하게 함으로써 노폐물을 배출시키는 치료를 한다. 결국 몸속 순환의 문제를 해결해 자궁과 난소의 기능을 정상화함으로써 자연 임신과 건강한 출산이 가능한 몸 상태를 만드는 것이다.

한약은 현대적 개념의 임상 연구가 확립되기 이전부터 수천 년간 이어져온 이론에 바탕을 두고 있다. 따라서 한의학에는 임신 전뿐만 아니라 임신 중에도 시기에 따라 사용 가능한 약물이 있다. 특히 임신 중에는 최근에 개발된 약물보다는 과거부터 사용해오던 약물을 선택하는 것이 좋은데, 그런 점에서 더욱 안전하다 할 수 있다. 물론 현대 의학의 기준에 부합하지 못하는 점도 있겠지만, 선인들이 가장 발전된 학문으로 정리하고 익혀오던 방법임에는 틀림이 없다.

따라서 현대 한의학에서는 단순히 옛날 방식을 고집하는 것이 아니라, 임신 과정을 이해하고 임신 시기 중 약물에 취약한 발생학적 기간 등을 참고해서 기존부터 사용해온 한약을 더욱 안전하게 사용하고 있다. 실제로 유산 후 소파 수술을 받고 난 뒤 한약을 복용하며 몸조리를 하는 것은 임신에 도움이 된다.

한편 한약 조제에는 식용으로 쓰이는 식물과 약용으로 쓰이는 식물이 같이 유통되기 때문에, 약으로서의 효능에 대해서도 식품을 연구하는 전문가가 더 많이 알고 있는 것처럼 인식되기도 한다. 임신이라는 특수한 상황인 만큼 더 좋은 것을 찾고 싶은 사람들의 심리일 것이다. 하지만 장사꾼들은 부작용이나 약의 한계에 대해서는 입을 다문다.

또한 오늘날에는 임신 중에 사용하는 약에 대한 정보가 많이 알려지면서, 약의 효능에 대한 인식과 더불어 간혹 생길 수 있는 부작용에 대해서도 잘 알려져 있다. 이런 정보는 학문의 발전을 토대로 하기 때문에 긍정적인 순기능이 많지만, 부정적인 인식을 키워 약을 무조건 기피하게 만드는 요인이 되기도 한다.

한의사는 약물의 안전에 관한 전문 교육을 이수하고 국가에서 인정하는 면허 제도를 통해 자격을 얻은 사람이다. 그들이 이런 지식을 토대로 환자 상태에 맞춰 내린 처방은 무엇보다 안전하고 효과적인 치료법이라 할 수 있다.

한편 침 치료의 안정성과 효과 또한 이미 세계적으로 인정받아, 2000년대에 들어서며 침은 비약물 치료의 대표적인 방법으로 소개되고 있다. 많은 연구에서 침 치료가 국소적인 혈류 순환에 도움을 주고 스트레스를 이완시켜 몸속의 여러 가지 내분비적 물질 대사를 조절하는 데 긍정적인 효과를 발휘한다는 사실이 증명되었다. 그뿐 아니라 보조 생식술 과정 중에 배아 이식 전후로 침 치

료를 받으면 결과가 더욱 좋다는 내용이 미국 산부인과학 교재에도 실려 있다.[8]

그런가 하면 아기가 거꾸로 돌아가 있는 둔위臀位의 경우 임신 후반에 이르면 제왕절개를 고려하기도 하는데, 이때도 적절한 시기에 전문 한의사의 침과 뜸 치료를 통해 위치를 교정해 자연분만 가능성을 높일 수 있다.[9] 이런 한의학적 치료의 안전성과 효과는 유럽의 많은 연구들을 통해 이미 증명되었다.

기존의 치료법과 병행했을 때 더 효과적이라는 연구, 기능적·정신적 문제가 있는 경우에도 효과가 있다는 연구, 임신 초기의 침 치료가 임신부에게 출산이나 임신 관련 합병증이나 기형아를 유발하지 않는다는 연구 등이다.[10] 이처럼 한의학과 서양의학의 치료법은 오늘날 상호 보완하는 역할을 한다. 앞으로 학문적으로나 임상적으로 한의학과 서양의학의 연구들이 여러 방면으로 교류된다면, 임신에 관한 훨씬 경제적이고 효율적인 방안들이 마련될 것이다.

변화, 임신 후 달라지는 것과 바꿔야 하는 것

건강한 몸과 마음을 만들기 위해서는 가장 먼저 생활 습관을 개선해야 한다. 교과서적이고 당연한 이야기이지만 가장 기초가 되는 부분이기도 하다. 살아가는 데 필요한 것은 유치원에서 다 배웠다는 말처럼 우리는 이미 어떻게 살아가는 것이 몸과 마음에 유익한지 알고 있다.

건강한 임신을 위해서는 크게 세 가지를 기억해야 한다. 첫째, 올바른 수면 습관이다. 앞서 이야기했듯이 한의학에서는 밤 11시부터 다음 날 새벽 1시 사이인 자시에 수면을 취하는 것을 중요하게 여긴다. 여성호르몬이나 성장호르몬 등 여러 가지 호르몬들을 만들어내는 때이기 때문이다.

둘째, 월경을 할 때와 마찬가지로 골반 운동을 해주는 것이 좋다. 골반의 구조가 올바르게 자리 잡아야 골반 속 혈류 순환이 원활하고, 자궁과 난소의 생식 기능도 좋아진다.

셋째, 마음을 다스려야 한다. 앞서 임신을 하나의 프로젝트처럼 다루지 말라고 이야기한 이유도 이와 통한다. 몸과 마음에 긴장을 유발하는 생각이나 행동은 난임의 원인이 된다. 마음을 편하게 다스릴 수 있는 방법을 찾아 생각을 잠시 내려놓고, 몸을 움직여 운동하는 것이 스트레스 완화에 도움이 된다.

건강한 임신을 위해서라면 운동을 습관화하는 것이 좋다. 하지만 일생 동안 다이어트에 신경 쓰며 살던 많은 여성들도 임신 기간에는 부담감을 잠시 내려놓는다. 물론 오늘날에는 임신 중 체중이 늘어나는 것에 스트레스를 받는 경우도 많고, 고도 비만의 경우에는 임신 성공률을 높이기 위해 임신 전에 체중을 감량해야 하는 경우도 있다.

하지만 이런 경우를 제외하고 대부분의 여성들은 임신을 확인하는 순간부터는 다이어트의 굴레에서 잠깐 벗어난다. 임신과 함께 평생 갖고 있던 숙제에서 해방되는 느낌을 받기도 할 것이다. 주위에서는 영양식을 충분히 섭취하라고 권하고, 몸을 조심해야 하니 운동도 당연히 금지되는 것처럼 여긴다. 공개적으로 많이 먹을 수 있고, 안 움직일 수 있는 시기인 것이다.

그러나 임신 중에도 과도하게 체중이 늘어나 체력이 떨어지지 않도록 신경 써야 한다. 임신 시 권장되는 체중 증가 정도는 체질량지수body mass index, BMI에 따라 다르다. 비만도를 측정할 때 가장 널리 사용되는 지표인 BMI는 체중을 키의 제곱으로 나눈 값으로, 대한비만학회 기준에서 18.5 미만은 저체중, 18.5~22.9는 정상, 23~24.9는 과체중, 25 이상은 비만으로 분류된다. 미국 의학원에 따르면 임신 전 여성이 저체중인 경우 12.7~18킬로그램, 정상인 경우 11.3~15.9킬로그램, 과체중인 경우 6.8~11.3킬로그램, 비만인 경우 5~9킬로그램의 체중 증가가 적절하다.[11]

임신 중에 체중이 늘어나는 것은 당연하고, 꼭 필요한 생리적 변화이기도 하다. 하지만 임신은 체중만 변화시키는 것이 아니라 여러 다른 변화들도 함께 동반한다. 아랫배가 나오고, 허리는 전방으로 굴곡이 심해져 등이 굽고, 골반도 벌어져 팔자걸음을 걷게 된다. 이런 변화와 더불어 허리 통증과 손발 부종 등 아픈 곳도 하나둘 늘어난다.

결국 몸 여기저기가 편치 않아 운동과도 자연스럽게 멀어지게 되지만 이때야말로 규칙적인 운동이 필요한 시기다. 임신을 운동과 멀어지는 계기로 삼지 말고, 여느 때보다 운동과 가까워지도록 노력해야 한다.

임신을 위해 억지로 운동한다고 생각하지 말고 즐기려는 마음을 갖는다면, 운동을 통해 임신 과정의 긴장감을 잊을 정도의 여유가 생길 수 있다. 또한 운동 후에 오는 나른함으로 스트레스도 함께 씻겨 내려간다. 운동을 멋진 몸매나 또 다른 목적을 위한 수단으로만 바라볼 것이 아니라 운동 자체를 즐길 수 있어야 한다. 운동으로 기운이 올라가거나 혈액순환이 개선되고 근력을 좋아지는 등 기초 체력이 향상되는 것을 몸소 느껴보는 것이다.

실제로 임신한 여성 557명을 대상으로 한 연구에서 따르면, 운동을 많이 한 여성일수록 조산의 위험이 낮았으며, 분만 시 진통 시간도 짧고 순산했다고 한다.[12] 미국 산부인과학회에서도 정상 임신을 한 여성은 하루에 30분 이상 중등도 강도의 운동이 적절하다는 기준을 제시하고 있다.

비만은 임신성 당뇨병이나 임신중독증인 자간전증子癎前症 등 임신과 출산 과정에서 다양한 질병을 유발할 수 있다. 이와 관련해 미국 당뇨병협회가 식이요법만으로 조절되지 않는 임신성 당뇨병의 효과적인 보조 요법으로 운동을 인정한 사실은 그 중요성을 다시 한번 증명해준다. 운동을 살을 빼기 위해 하는 것이라는 단순한 공식이 아니라, 통증을 감소시키고 건강을 유지해주는 활동으로 인식할 필요가 있다.

임신 중에는 갑자기 체중이 늘어나는 반면 체력은 급격히 떨어지는 것을 경험하게 되는데, 이때 운동이 기초 체력을 올려주는 역할을 한다. 허리와 등의 근육을 이완시켜 임신으로 생긴 통증 또한 완화할 수 있다. 그뿐 아니라 적절한 움직임은 질 좋은 수면을 취할 수 있도록 도우며, 여러 감정 기복을 건강하게 해소하도록 돕는다. 이는 배 속의 아이를 신체적·정신적으로 건강하게 길러내는 데도 긍정적 영향을 준다. 철분제 복용으로 생기는 변비도 운동으로 예방할 수 있다.

다만 임신 1기인 첫 3개월에는 유산의 위험이 있기 때문에, 운동은 임신 2기에 해당하는 4개월부터 하는 것이 좋다. 임신 자체에서 오는 체력 소모와 약해진 근육과 인대를 고려해서 평소 운동을 꾸준히 했어도 강도와 시간을 줄여 가볍게 시작하고, 아랫배에 힘이 많이 들어가는 운동은 피하는 것이 좋다.

특히 유산이나 조산 경험이 있는 경우, 자궁경관이 무력한 경우, 임신 중반 이후 출혈이 있는 경우, 태반이 자궁을 가리는 전치태반, 심장 질환, 임신중독증, 고혈압, 갑상샘 질환, 심한 빈혈, 과도한 과체중 또는 저체중의 경우에는 운동을 피하거나 전문의의 진료를 받은 후에 적절한 강도와 시간을 정해서 가볍게 운동하는 것이 좋다.

음식 또한 가려서 먹는 것이 좋다. 진료실에서 흔히 듣는 질문 중 하나가 임신을 준비하면서 커피를 마셔도 되는지에 대한 물음이다. 직접적으로 말하지는 않지만 표정만으로 커피만은 제발 마셔도 된다고 말해달라는 무언의 압박이 느껴진다. 그러면 단 1초의 망설임도 없이 답변해준다. 임신 중에도 한 잔 정도의 커피는 마셔도 된다고 말이다. 이 말 한마디로 마치 새해 일출 햇살이 얼굴을 비추는 듯 표정이 환해진다.

중요한 것은 정해진 양을 넘지 않는 것인데, 커피 그 자체보다 카페인 섭취를 조심해야 한다. 하루에 커피 세네 잔 이상 용량의 카페인을 섭취하면 태아의 성장이 제한될 수 있다는 것은 이미 대부분의 연구에서 밝혀진 사실이다. 따라서 임신 중이라면 홍차,

콜라, 코코아 등 카페인이 함유된 사소한 먹거리에도 주의를 기울여야 한다. 그러나 모든 음식 성분을 확인해보고 선택할 수는 없으므로, 특히 임신 초기라면 잘 먹지 않던 새로운 음식은 피하는 것이 좋다.

임신에 성공했다 해도 임신 중에는 신체나 심리 상태에 여러 변화를 겪을 수 있다. 두통, 입덧, 임신중독증, 임신소양증, 감기, 유산 등 내적 요인 외에도 교통사고와 같은 외부 충격으로 심한 통증을 겪기도 한다. 특히 임신 중에 감기에 걸리거나 교통사고가 나서 약을 먹지 못할 경우, 전문 한의사가 임신 주수와 건강 상태를 고려해 처방한 한약이 좋은 대안이 될 수 있다.

두통은 임신 중이 아니어도 흔히 겪을 수 있는 증상이지만, 임신 중의 두통은 호르몬의 영향 때문으로 알려져 있다. 대개 임신 초기에 많이 나타나며 빈혈이나 감기 등 그 원인이 다양하다. 특히 임신 초기에는 장시간 돌아다니거나 사람이 많은 곳에 가면 피로를 빨리 느끼게 되어 두통이 생긴다. 또한 심한 입덧으로 영양이 불균형해지거나 심혈관계에 이상이 생기는 경우에도 두통이 생길 수 있다.

이런 여러 가지 원인은 임신의 특성에서 비롯된다. 임신을 하면 기본적으로 몸속에 혈이 부족해지는 혈허의 특징을 갖게 된다. 혈이 부족하다는 것은 빈혈의 개념을 포괄하는 것으로 이 경우 기가 상체로 몰리면서 두통이 자주 발생한다.

임신 중 두통의 가장 좋은 치료법은 휴식이다. 빈혈로 생긴 두통일 경우에는 어지러움을 동반하는 경우가 많으므로 철분체를 적절한 시기에 맞춰서 충분히 복용하고, 당귀나 대추 등을 차로 끓여 마셔도 도움이 된다. 임신 중에는 한 가지 약성에 치우치는 약재 사용을 금하지만, 당귀나 대추 등은 임신 중에도 오래 복용할 수 있는 안전한 재료이므로 사용 가능하다.

하지만 감기에 따른 발열로 두통이 생기거나 입덧 악화로 전신 장애가 발생하는 임신오조妊娠惡阻가 3개월 이상 지속되어 음식 섭취를 못 해 두통이 생길 경우 정확한 진료 후에 한약을 복용하는 것이 가장 좋다. 지속적인 두통이나 참기 힘든 심한 두통이 임신 내내 지속될 경우에는 임신성 고혈압이나 뇌 이상으로 생긴 증상일 수 있으므로 참고 견디지 말고 반드시 진료와 검사를 받아야 한다.

한편 입덧은 임신을 알려주는 사인이라고 할 만큼 임신을 정확하게 인지하지 못하는 초기부터 시작된다. 특히 임신 초기, 임신 전 마지막 월경 이후 4~10주 사이에는 여러 중요한 기관들이 형성되기 때문에 임신 중 입덧도 가장 심하고 약물에도 가장 민감한 시기다. 구체적으로는 9주경에 가장 심해졌다가, 절반 이상이 12주경에 사라지며, 20주경에는 대부분 증상이 없어진다고 한다. 하지만 심한 경우에는 임신 기간 내내 고생하는 사람도 있다.

물론 임신한 사람이 모두 입덧을 하는 것은 아니다. 임신한 여성의 50퍼센트 정도만 메슥거림과 구토 증상이 있고, 25퍼센트 정도는 메슥거리는 증상만 있다. 영어 입덧morning sickness의 의미와 달리, 입덧은 아침뿐만 아니라 하루 종일 지속되는 경우도 있고, 저녁에 심해지는 경우도 있다. 아마도 아침 식사 전 공복 상태에서 증상이 더 심해진다는 의미를 담은 듯한데, 그런 면에서 공복감을 안 느끼도록 수시로 무엇인가를 조금씩 먹는 것이 도움이 되기도 한다.

사실 입덧은 병이 아닌 생리적인 임신 반응이다. 병적인 입덧도 있지만, 기본적으로는 자연스러운 변화다. 하지만 그렇다고 해서 무작정 참고 견딜 필요는 없다. 한의학에는 임신 중에도 처치할 수 있는 다양한 치료법이 존재한다. 임신 주수에 따른 생리적 변화와 그에 영향을 미칠 수 있는 약물에만 주의한다면, 한의학으로 입덧을 안전하게 치료할 수 있다. 그러나 이를 모르는 많은 사람들이 아직도 적절한 치료 없이 입덧의 고통을 그저 견뎌낸다.

침 치료가 임신 중 어느 시기의 입덧에나 사용될 수 있다는 사실과 함께, 침 치료의 효과와 안전성을 인정하는 연구들이 많이 발표되어 있다.[13] 실제로 침 치료는 한의학에서 임신 중 여러 질환에 사용할 수 있는 매우 안전한 치료법이다. 심한 구토 후에 체한 듯 답답한 소화기 증상에도 침 치료는 효과적이다. 다만 이런 효과와 안전성은 숙련된 전문의가 시술하는 것에 한해서다.

입덧에도 가벼운 경우와 심각한 경우가 있으므로, 침으로 모든 입덧이 해결되지 않는다는 점은 분명하다. 하지만 임신이라는 중요한 시기에 강도 높은 치료와 신속한 효과를 기대하는 것은 금물이다. 적절하고 안전한 치료법을 먼저 선택하고, 단계적으로 더욱 강한 치료법으로 나아가는 것이 좋다.

증상이 심할 경우에는 침 치료 다음 한약 치료를 고려하는 것이 낫다. 실제로 대만에서는 임신한 여성 네 명 중 한 명이 한약을 복용한다는 연구 결과도 있다.[14] 물론 이때도 임신 주수와 건강 상태 등에 따라 매우 신중하게 사용해야 한다.

태교, 과학이 아니라 철학이다

임신 후 한의원에서 진료받을 때 음식을 조심하라거나 차가운 곳에 앉아서는 안 된다는 등의 식생활 관련 주의사항을 듣는다면, 다소 고리타분하다는 생각은 들어도 시대착오적이라 느끼지는 않을 것이다. 이는 오늘날에도 널리 받아들여지는 내용이기 때문이다. 하지만 사실 이 이야기는 약 200년 전에 쓰인 사주당師朱堂 이씨李氏의 『태교신기胎教新記』라는 책에서 임신부들의 행동을 걱정하는 내용이다. 수천 년 전에 살았던 조상들도 현재 우리와 그리 다르지 않은 말을 했던 것이다.

태교는 자연과학의 발달로 인체의 신비가 속속 풀리고 있는 오늘날에도, 새로운 내용을 발견하기보다 선조들의 지혜를 다시금 확인하는 수준에 머무르는 대표적인 분야이다. 좋은 태교를 위해서는 과학적 발견으로 얻은 새로운 지식보다, 어쩌면 한번은 들어봤을 전통적인 방식을 따르는 것이 좋다. 고리타분한 이야기 같지만 태교는 과학이 아니라 철학이기 때문이다.

우리나라에서는 사람의 나이를 따질 때 엄마의 배 속에 있는 시기까지 감안하기 때문에 태어나면 바로 한 살로 따진다. 엄마 배 속에 있는 태아 시기 또한 먹고 자고 학습하는 시기로 인식해서 태어나자마자 한 살로 인정해주는 것이다.

이제는 배 속에서 아기가 느끼고 본다는 사실이 과학적으로 밝혀졌지만, 이를 몰랐던 과거부터 선조들은 이를 인식하고 있었다는 것을 알 수 있다. 그런 의미에서 우리의 전통적인 태교법은 세계적으로 탁월하다고 자부할 수 있다.

하지만 이런 문화 탓에 한편으로는 태교를 걱정스러워하고 불안해하는 경우도 적지 않다. 오늘날 소위 영재 만들기식의 태교는 가치나 의미보다는 내용이나 방법에 치우치다가 자칫 태교 자체에 대한 반감을 불러일으키기도 한다.

과거에도 태교는 왕실이나 양반 가문에서 중요하게 여긴 덕목이었기에 영특함이나 총명함을 강조했던 것은 사실이다. 하지만 이때도 단순히 아이의 학습 능력에 초점을 두지는 않았다. 태교란 사람으로서 어떤 성품과 심성을 지니고 태어날 것인지를 좌우하는 기초가 된다고 봤다.『태교신기』에는 다음과 같은 문장이 나온다.

아버지가 낳아주고 어머니가 길러주는 것과 스승의 가르침은 모두 한가지이다. 의술을 잘하는 것은 아직 병이 들지 않았을 때부터 다스리는 것이고, 가르침을 잘하는 것은 태어나기 전부터 시작하는 것이다. 그러므로 스승의 10년의 가르침은 어머니가 열 달을 기르는 것만 같지 못하고, 아버지의 하루 낳는 것만 같지 못하다.

이 글에서 가장 강조하는 것은 바로 아비, 즉 아버지의 임신에 관한 마음가짐과 바른 생활이다. 가부장적 관점에서 남성의 중요성을 말한 것일 수도 있겠지만, 상대적으로 소홀히 여겨지는 아버지의 역할에 대해서 특별히 강조하려 한 의도도 분명히 존재할 것이다. 남성 또한 난임에 절반의 원인이 있지만 여성의 문제만 우선시되는 사회적 편견이 있는 것처럼 말이다.

아버지의 태교를 이야기하는 대목에서는 남성의 몸에 병이 있을 때 잠자리를 하지 말라는 등 육체적 건강도 언급하고 있으나, 특히 마음가짐을 강조한다. 무엇보다 아내에게 공경을 다하고 예를 갖추라는 것이다. 여성이 존중받고 사랑받아 마음이 안정될 때 비로소 태교가 잘 이뤄질 수 있다.

전통적인 태교에서 음식을 제한하고 행동을 조심하는 것은 생활을 불편하게 하는 것이 아니라 자유롭고 방만한 환경으로부터 오는 좋지 않은 영향을 피하기 위함이다. 그런 면에서 과학적 근거가 없다고 무조건 기피할 것이 아니라, 선조들의 마음가짐과 지혜를 배우고 따르려는 열린 마음을 가졌으면 한다.

이는 배 속 아기의 측면에서도 더욱 중요하다. 엄마의 마음 건강을 챙기는 것이 곧 기르는 도리이기 때문이다. 진정한 태교란 임신부터 출산에 임하는 자세, 태아를 대하는 마음가짐 등 철학적 가치에 기반하고 있다.

따라서 태교를 위한 마음가짐은 임신을 준비하는 시기부터 갖취나가야 한다. 육체적 건강상 문제가 없어도 노화나 다른 심리적 요인이 임신에 영향을 미칠 수 있다. 임신과 태교에 대한 부담을 내려놓고 여유 있는 마음가짐을 챙겨보는 것도 좋을 것이다.

이 시기에는 배우자의 이해 또한 반드시 필요하다. 난임과 관련해, 혹은 임신 중에 진료를 받을 때는 남녀 당사자가 반드시 동행해야 한다. 병원에서 듣는 이야기에는 반드시 의학적인 내용만 포함되어 있는 것이 아니기 때문이다. 여성의 건강에서 지켜야 할 생활 습관들은 남성의 이해와 참여가 있어야 유지될 수 있다. 예를 들어 음의 기운을 높여야 하는 여성이라면 질 좋은 수면이 하나의 처방이 된다. 하지만 배우자의 잦은 회식과 늦은 귀가로 잠을 설치게 된다면 임신에 악영향을 받을 수밖에 없다.

건강한 임신을 원한다면 여성 혼자서 노력할 것이 아니라 남녀 공동의 일로 받아들이고 남성 또한 50 대 50의 노력을 해야 한다. 그런 의미에서 난임과 관련해서도 난임 여성이 아니라 난임 부부의 개념을 사용할 필요가 있다.

원인 불명의 난임의 경우 검사상 남녀 모두에게 문제가 없는데도 대부분의 여성들이 스스로에게서 문제점을 찾으려 한다. 그 때문에 이유 없이 의기소침해지고 치료에는 여성만 홀로 적극적인 경우를 흔히 접하게 된다. 임신을 준비하는 난임 진료 시에는 남녀가 함께 동행해서 임신에 대한 핵심적인 준비 과정, 마음가짐까지 함께 듣고 변화를 갖는 것이 중요하다.

누구든 진료실에 홀로 와서 힘든 치료를 받고 쓴 약을 먹는 것에는 무의식적으로 스트레스를 받을 수밖에 없다. 혹여 자신에게 난임의 원인이 없더라도 적극적으로 진료실에 함께 와서 전문의의 이야기를 듣고 치료 계획을 세울 때, 상대는 이해받고 지지받고 있음을 느낀다. 임신 성공률 또한 당연히 높아진다. 이는 의료 현장의 많은 사례들을 통해 증명된 사실이다. 불통즉통의 원리는 임신에서도 통하는 공식인 것이다.

임신을 준비하는 과정에서부터 출산의 순간까지 여성이 짊어지는 심리적 부담감은 한두 가지가 아니다. 많은 지식을 머리로 이해하고는 있지만 실천하기는 어려울 수 있다.

이때 이론적으로 설득하려 하기보다 그저 옆에서 묵묵히 버팀목이 되어주는 것이 좋다. 심리적으로 불안한 요인들을 잠재우기 위해서는 명확한 해답을 주는 것보다 함께 노력하는 자세를 보여주는 것이 더욱 큰 위안과 안정을 준다. 함께 산책하면서 나누는 짧은 대화가 어떤 약보다도 더 큰 효과를 낸다. 머리로 하는 이해가 아니라 가슴으로 하는 공감이 중요하다.

임신은 정자와 난자가 만나서 이뤄지는 화학적 결과물이 아니라 사랑하는 남녀가 만나 함께 맺는 생애의 결실이다. 정보가 넘쳐나는 오늘날에는, 임신과 태교에 대한 정보도 왜곡되는 경우가 많다. 건강한 임신을 위해서는 단편적인 지식에 매달리기보다 서로의 사랑을 확인하고 신뢰의 마음을 단단히 하는 것이 무엇보다 중요하다.

3장

출산, 때에 맞춰 다스리다

• • •

모든 자연현상이 음과 양, 밤과 낮, 봄, 여름, 가을, 겨울 사계절의 때에 맞춰 일어나듯이, 산후에도 때에 맞춘 적절한 노력이 필요하다. 출산에서 중요한 때인 3주, 3개월, 6개월은 산후 삶의 질을 결정하는 가장 중요한 기점이다.

시중, 산후조리의 적절한 타이밍

임신과 출산은 여성의 일생 중 가장 변화무쌍한 몸의 변화가 일어나는 시기다. 그런 만큼 처음 겪는 상황에 놀라거나 당황해 적절한 대응을 못 하기도 하는데, 그런 경우 오랫동안 몸과 마음의 질병으로 남기도 한다. 따라서 이 시기에는 안정성이 보장되지 않은 새로운 치료법을 선택하기보다는 수천 년 전부터 여성의 건강을 탐구했던, 한의학의 전통적인 산후조리 치료와 지혜가 도움이 될 수 있다.

많은 여성들이 출산 후 아기를 돌보는 문제만큼, 이 시기에 적절한 몸조리를 하지 못해 평생 아프지 않을까 두려워한다. 현재는 임신과 출산 과정을 대부분 양방병원에서 진행하지만, 서양의학이 들어오기 수천 년 전부터 조상들은 임신과 출산 과정에서 생기는 모든 건강 문제를 한의학적 지식을 통해 풀어왔다. 출산 후 몸을 회복하는 치료와 지혜는 한의학의 가장 대표적인 진료 분야이다.

한의학에서는 산후조리란 알맞은 때, 즉 시중時中이 존재한다고 본다. 자연이 음양, 밤낮, 사계절의 때를 맞추는 것처럼 산후에도 때에 맞춰 적절한 노력을 하는 것이 좋다. 임신 중에 때에 맞춰 규칙적인 생활을 해야 하는 것과 마찬가지로 산후에도 이를 지키는 것이 중요하다. 출산 후의 중요한 때란 보통 3주, 3개월, 6개월 단위로 구분된다. 이 시기가 산후 관리에서 놓쳐서는 안 될 가장 중요한 시기다.

임신이라는 10개월 동안의 특별한 상황을 거쳐 변화한 몸은 출산 후 곧바로 돌아오지 않는다. 산후에 몸무게가 줄지 않았다거나 배가 그대로 나와 있다는 이야기를 주변에서 들어봤을 것이다. 출산한 다음 자궁은 4~6주, 인대나 관절은 6개월 정도 지나야 비로소 이전의 튼튼한 상태로 돌아온다.

보통 산후조리 시 삼칠일 동안 조심해야 한다고 이야기하는 것도 3주 내에는 몸이 아직 정상화하지 못하기 때문이다. 그래서 난방이나 온수 공급이 원활하지 않았던 과거의 생활환경에서는 체온 조절이 어려워 산모가 3주 동안 머리를 감거나 목욕하는 것도 자제했다.

하지만 오늘날에는 언제든 따뜻한 실내 환경에서 온도를 유지하면서 씻을 수 있고, 찬바람 노출 없이 머리를 감을 수 있다. 그렇기 때문에 이런 산후 목욕 관리 방법은 오늘날에는 틀린 방법이고 꼭 지킬 필요도 없다. 물론 출산 직후에 회음부 상처가 아물 때까지는 탕 안에 들어가는 목욕은 피해야 하고 목욕 후에는 몸에 물기를 잘 제거하고 보온을 유지하는 옷을 잘 챙겨 입고 나오는 것이 좋다.

한의학에서는 산후의 상태를 기혈이 허한 허증이라고 보아 오히려 너무 덥게 하거나 땀을 빼는 것을 지양한다. 며칠간 힘들게 과로한 후에 사우나나 찜질방에 가서 땀을 빼는 것이 몸에 좋을 리 없는 것과 같다. 산후조리를 한다고 한여름에도 내복을 껴입는다거나 난방을 해 방을 뜨끈뜨끈하게 하는 방식은 몸에 땀띠만 나게 해 수면을 더 방해한다. 질 좋은 수면은 산후 회복에서 상당히 중요한 요소다.

산후조리의 기본은 너무 높지 않은 온도와 습도를 유지하는 것이다. 전통적인 산후조리 방법 자체만을 좇을 것이 아니라, 그 안에 담긴 의미를 되새겨봐야 한다.

3주를 지나 3개월까지의 기간은 몸이 임신 전의 상태로 회복하는 시기다. 이때는 체력과 기운이 점차 좋아지고 식욕이 돌아오며 부종도 빠진다. 골반의 모양도 바로잡히는 시기이기 때문에 일상 생활에서부터 자세를 바로 하는 것이 중요하다. 계속해서 체력이 저하되거나 부종이 안 빠지는 병적인 경우는 적극적인 치료를 받아야 한다.

이때 체력이 회복되기도 전에 성급하게 다이어트를 해서는 안된다. 산후 한 달도 되기 전 체중이 빠지고 임신 전보다 체중이 더 감소한 경우 기운이 없거나 나중에 오히려 체중이 다시 불어나기도 한다. 이 경우 산후풍産後風 증상이 생길 확률도 더 높고 다른 질환에 걸릴 위험도 커진다.

이 시기를 산후 황금의 3개월이라고도 하는데, 몸이 잘 회복되는 시기이기도 하지만 출산하면서 비워진 여성의 몸에 기혈을 채울 수 있는 중요한 시기이기도 하다. 산후 황금의 3개월은 부족한 체력을 올리고 소모된 기혈을 보충하기 위해 영양을 골고루 섭취하고 육아하는 중간에 틈틈이 휴식과 몸의 회복을 도모해야 하는 때이다.

다이어트를 너무 일찍 시작해 영양을 충분히 공급하지 않고 임신과 출산 과정에서 느슨해진 온몸의 관절이 튼튼하게 수축해야 하는 때를 놓치면 오히려 황금의 3개월이 아니라 통증의 3개월이 될 수도 있다. 특히 임신과 출산이 늦어지는 오늘날에는 출산 과정보다 중요한 시기가 산후 3개월이다.

3개월 동안 체력이 어느 정도 회복된 후 6개월까지는 체격 회복의 시기다. 관절 통증이 어느 정도 개선되고 약화된 근력도 점차 회복되면서 이전의 체형으로 돌아간다. 따라서 산후 운동은 보통 3개월 이후에 하는 것이 적절하다.

이때 운동은 몸에 통증이 심해지지 않는 수준에서 빨리 시작할수록 좋다. 출산으로 기운이 소진되고 피도 많이 흘려 체력 저하가 심한데 어떻게 운동을 할 수 있냐고 반문할 수도 있다. 하지만 임신 열 달 동안 서서히 느슨해진 근육과 인대를 빨리 회복하는 것이 산후 여러 통증을 예방하는 지름길이다.

물론 근력 상태에 따라 개인차는 있을 수 있다. 체력이 좋지 않거나 출혈이 지속되는 등 분만 과정에서 여러 문제들을 겪었다면 전문의와 상의해 시기를 조절해야 한다. 운동의 강도 또한 마찬가지이다. 그런 상황이 아니라면 3개월부터는 오히려 활동량을 늘리고 정상적인 상태와 같은 수준의 운동을 적극적으로 하는 것이 좋다. 소화할 수 있는 수준 안에서 통증이 심해지지 않는 동작들을 꾸준히 매일 반복하는 것이 중요하다.

한편 여성들은 출산한 뒤에 신체적 변화뿐만 아니라 다양한 심리적 변화도 겪는다. 오늘날 많은 여성들이 산후우울증으로 괴로움을 호소한다. 남편이나 다른 가족들에게 육아에 대한 도움을 받지 못하거나 정서적으로 의지하지 못할 경우 더욱 위험할 수 있다. 만약 평소 우울증이 있었다면 혼자 두지 말고 계속해서 관심을 기울이는 것이 중요하다.

이런 산후조리는 유산 후에도 마찬가지로 필요하다. 보통 유산 후에 몸조리를 더 잘하라고 이야기하는 이유도 유산 후에는 심리적인 불안까지 더해지기 때문이다. 초기 자연유산의 경우 다음에 연속 유산이 될 확률은 약 20퍼센트 정도로, 사실 이 수치는 일반적인 자연유산의 확률과 비슷한 수준이다.[15] 한번 유산되었다고 해서 다음번에 또 유산하지 않을까 노심초사할 필요가 없다는 의미이다.

대부분의 유산은 원인을 알 수 없으며 이들 유산 사이에는 절대적인 관계도 없다. 자신에게 화살을 돌려 스스로 죄책감에 사로잡히지 말아야 한다. 분만을 하지 않았어도 임신의 과정을 겪은 만큼 몸의 변화로 산후풍이 올 수도 있다. 스스로의 몸과 마음을 회복하는 데 더 집중해야 한다.

산후풍은 본래 출산이나 유산 후 조리를 제대로 하지 못해 발생하는 여러 증상을 민간에서 통칭하던 속어였다. 하지만 오늘날 산후풍은 표준화된 진단명인 한국표준질병사인분류표Korean standard classification of diseases, KCD에 정식 질병코드로 구분되어 있을 만큼 한의학에서는 하나의 질병으로 본다. 반면 서양의학의 산부인과학에서는 여전히 산후풍을 인정하지 않는다.

서양에서 출산한 뒤 입국 후 진료실을 찾은 여성들은 출산하고 첫 식사로 나온 얼음물, 차가운 요거트 등을 입안에 한입 넣는 순간 온몸이 쩌릿하며 뼛속까지 시린 느낌을 받은 후에 산후풍이 시작되었다고 이야기한다. 산후에 바로 샤워를 하는 상황에서 난방조차 제대로 되어 있지 않아 물이 닿은 부위가 아프고 시리기 시작했다는 말도 공통적이다.

해외의 현지인들에게는 출산 후 이런 환경이 전혀 문제될 것이 없었을 테지만, 우리나라 산모들에게는 산후풍을 유발할 만큼 아주 치명적인 상황일 수 있다. 이런 관점으로 보면 미국 산부인과학 교과서에 산후풍에 대한 개념이 존재하지 않는 것도 당연해 보인다.

이에 따라 산후풍을 우리나라의 기후나 환경에 적응한 여성의 몸에 나타나는 특수한 상황으로 인식한다면, 한의학의 전통적인 방법이야말로 산후풍에 대처하는 현명한 치료법이다. 한의학적 진단과 치료법을 이해한다면 산후에 몸을 자연스럽게 회복하는 데 도움을 받을 수 있다.

산후풍은 증상과 발생 시기가 중요한 진단 포인트이다. 일반적으로 산후 6주가 지나도록 계속해서 오로惡露가 나오고 근육통이나 관절 부위에 통증이 있는 경우, 심하게 오한을 느끼는 경우 산후풍일 가능성이 높다. 산후풍의 정체는 단 한 가지로 단정 지을 수 없다. 어찌 보면 증후군의 개념처럼 여러 가지 증상들의 합이고, 그 증상들을 일으킨 원인과 관련된 인자들이 다양하기 때문이다.

산후풍의 통증은 양상도 다양하고 위치도 한곳이 아니라 여러 관절에 다발성으로 나타난다. 표현을 그대로 빌리자면 머리부터 발끝까지 아프다고 한다. 증상이 주관적인 만큼 통증의 양상도 시리다, 우리다, 화끈거린다, 저리다, 쿡쿡 쑤신다, 뻣뻣하다 등 다양하게 나타난다. 이때 시린 증상을 오해해 일부러 땀을 빼는 등 잘못된 처치를 하면 오히려 상태가 더욱 악화될 수도 있다. 산후풍에 대한 오해와 잘못된 두려움이 증상을 더욱 악화시키는 것이다.

산후풍의 대표적인 증상

통증	전신·한쪽 몸의 동통(疼痛), 어깨·목·등의 당기는 통증, 허리·엉덩이 통증, 꼬리뼈 통증, 어깨·팔꿈치·손목 등 상지(上肢) 부위 통증, 무릎·발목 관절 통증, 손발 저림, 치골 통증, 서혜부(鼠蹊部) 통증, 아랫배 통증 등
전신 증상	무기력, 한출(汗出), 오한, 발열, 부종, 눈침침, 이명, 호흡곤란, 오심, 구토, 식욕부진, 소화불량, 대소변 이상, 변비, 대하, 월경이상, 수족냉증
정신 신경 증상	두통, 현훈(眩暈), 가슴 두근거림, 건망, 불안감, 불면, 우울감

이와 같이 산후풍은 한 가지로 확실히 표현할 수 있는 통증이 아니므로, 산후풍을 자율신경실조증이라고 이야기하기도 한다. 자율신경계와 관계되는 교감, 부교감 신경계의 이상으로 땀이 비 오듯 흐르거나 체온 조절에 어려움을 겪고, 시리거나 아픈 증상들이 나타나는 것이다. 자율신경실조증 자체가 한 가지로 설명하거나 규정하기 어려운 증상을 보이는 만큼 산후풍의 특징과 비슷하다고 할 수 있다.

하지만 산후풍은 자율신경실조증만으로는 규정할 수 없는 다양한 양상이 복합적으로 나타난다. 산후풍이라는 이름처럼 증상이 바람과 같이 변화무쌍하게 변화하는 것이다. 그런 점에서 산후풍에 대한 이해는 여전히 미흡한 점이 많다. 과거 성인병이라고 포괄해서 설명하던 질병도 그 원인 분석에 따라 오늘날 대사

증후군이나 생활습관병과 같이 개념이 새로 정립된 것처럼, 산후풍에 대한 인식 개선과 의학적 연구가 앞으로도 꾸준히 필요해 보인다.

하지만 한 가지 분명한 점은 있다. 산후풍은 임신 중에 여성의 몸이 자연스럽게 변화하는 과정에서 생긴다는 것이다. 자연분만 시 골반을 지지해주는 인대나 관절은 여러 호르몬의 변화를 통해 부드럽게 늘어나고, 이를 통해 골반은 아기가 통과하는 길을 만들어 자연스럽게 벌어졌다가 출산한 다음 닫히는 과정을 거친다. 이런 변화는 골반뿐만 아니라 팔다리를 비롯한 전신에서 일어난다.

이때 산후에 늘어났던 인대가 제대로 돌아오지 못하면 시리거나 아프고, 찬바람을 맞을 경우 더욱 큰 통증이 유발된다. 여기에 수유 과정에서의 불량한 자세 또한 비정상적인 상태를 만들어 통증을 키우는 요인이 된다.

한의학에서는 산후풍을 기혈의 문제로 바라본다. 우리 몸의 표면 부위를 지켜주는 기운을 위기衛氣라고 부르는데, 그 기운이 약해지면 인대와 근육이 약해지고 땀구멍을 조밀하게 닫아주지 못해 땀을 쏟는 산후풍이 나타난다고 이야기한다. 기가 허해져 땀을 비 오듯이 흘리고, 땀이 식는 과정에서 시리고 아픈 통증을 겪는 것이다. 한의학에서는 이 위기를 치료할 수 있는 한약을 처방함으로써 산후풍 치료를 진행한다.

결국 한의학적 산후풍 치료의 핵심은 기운을 회복시키고 혈이 잘 생성되게 보충해주면서 나쁜 혈액이 잘 빠져나가고 전신 관절의 근육과 인대가 제대로 힘을 받게 해주는 것이다. 한약으로 인대나 근육을 튼튼하게 해서 그 구조적 문제를 해결하도록 도움을 주고 이에 더해, 위기를 정상적으로 회복하도록 해 몸의 기능적 균형 상태를 만들어주는 것이다. 산후에는 몸에서 수분에 해당하는 혈액, 즉 음혈이 부족해지는 혈허 상태가 된다. 그렇기 때문에 산후에 혈이 허한 상태를 보충해주는 것도 매우 중요한 치료 포인트이다.

또한 산후에는 오로가 잘 배출되는 것도 중요하고 적절한 때가 되면 오로가 멈추고 골반 상태가 회복되는 과정 모두가 중요한데, 이 시기에 한의학에서 말하는 어혈을 없애는 치료가 중요하다. 어혈은 우리 몸의 여러 가지 통증을 유발하는 개념으로 산후풍의 주요 원인이기 때문이다.

그런 의미에서 산후에 복용하는 한약은 산후풍이 아니더라도 몸속 부족한 부분을 채우고 막힌 부분을 이어주는 역할을 한다. 몸의 상태에 따라 문제가 어디에서 기인했는지를 진단하고, 기나 혈을 보충하거나 어혈이나 오로를 배출하도록 함으로써 순환을 돕는 치료를 진행한다.

일반적으로는 출산 직후 식사를 시작하면서 어혈을 풀어주는 한약, 그다음에는 보혈을 해주는 한약, 이후에는 근육과 관절 강화와 통증 감소에 도움을 주는 한약의 순으로 처방한다. 하지만 출산 과정에서의 진통 시간, 체력 고갈 정도, 출혈량은 사람마다 다르고 회복의 속도도 다를 수밖에 없다. 그런 만큼 각각의 상황에 맞춰 원칙들을 조절해 한약을 처방한다.

산후풍을 극복하기 위해서는 생활환경부터 바꿔나가야 한다. 무엇보다 사계절 기후에 맞는 옷을 입고 쾌적한 온도를 만드는 것이 중요하다. 특히 여름철 산후조리 시 실내 온도를 높이는 일은 절대 삼가야 할 일 중 하나이다. 한여름에도 두꺼운 옷을 껴입고 문을 잠그고 난방을 가동하는 등의 행동은 산후풍을 악화시킬 뿐 체력을 회복하는 데 전혀 도움이 되지 않는다. 체온이 상승하고 땀이 줄줄 흘러 몸은 항상 젖어 있고 시린 증상이 심해질 수 있다.

여름철 실내 온도는 땀이 나지 않으면서 추위 또한 느끼지 않는 정도가 적절하다. 얇지만 긴 소매의 옷을 입어 약간 서늘하게 지내는 것도 좋다. 모유 수유를 하거나 식사하는 도중에 땀이 나면 마른 수건으로 자주 닦아주고, 깨끗한 옷으로 갈아입어 체온을 빼앗기지 않도록 해야 한다.

만약 필요한 경우에는 에어컨을 틀어도 되지만, 집 안 전체의 실내 온도가 너무 낮아지지 않도록 주의할 필요가 있다. 이때 바람을 직접적으로 몸에 맞는 것도 피해야 한다. 산후풍은 이름처럼 온도의 문제라기보다는 바람의 문제일 수 있기 때문이다. 회복이 빠른 경우에도 마찬가지이다. 여기에 적절한 휴식과 알맞은 영양 섭취도 필수이다.

운동은 하루 30~40분 정도 골반 주변 근육들을 회복시키는 코어 운동을 가벼운 단계에서부터 시작하고, 몸이 회복되는 상태에 따라 걷기부터 시작해서 운동 강도를 점차 높이는 것이 좋다. 산후 3개월이 되면, 운동의 목표를 통증에서 벗어나는 것을 넘어 더욱 크게 잡을 수 있다. 대부분의 운동을 할 수 있을 만큼 체력을 회복하겠다는 생각으로 계단식으로 꾸준하게 운동하는 것이 좋다.

이때 임신 전 몸 상태, 근육 상태, 운동을 평소 즐겼는지 여부에 따라 운동 강도에 대한 개인차는 클 수 있다. 각자의 육아 환경이 다르고 출산 과정 중 여러 문제가 발생한 경우도 있기 때문에 운동 방법을 일괄적으로 정해줄 수는 없다. 하지만 산후 운동은 기운과 혈액을 포괄하는 체력을 회복시킨다는 점에서 매우 중요하다. 이를 꼭 이해하고 회복에 필요한 운동 강도와 종류에 관해 전문의와 반드시 상의해서 진행해야 한다.

만약 체력이 여전히 회복되지 않고, 피부가 시리고 통증이 느껴지면서 땀이 계속해서 비 오듯 쏟아진다면 산후 회복을 도와주는 한의학 치료가 필수적이다. 산모에게 위기인 산후풍은 불치병이 아니다. 정도에 따라 일상으로 돌아가는 기간은 다르지만, 충분히 예방과 치료가 가능하다. 위기를 지켜주고 혈을 보충해주고 어혈을 제거해주는 한의학의 복합적인 치료를 통해 산후풍을 극복할 수 있다.

산후, 여성이 더욱 아픈 이유

보건복지부의 2021년 발표에 따르면, 남성에 비해 여성이 한방 의료기관에 방문하는 비율이 더 높았다. 방문 목적 또한 남성은 교통사고나 근육 부상과 같은 외상 비율이 높았던 반면, 여성은 관절염 같은 퇴행성 질환 외에도 위장 질환, 감기, 빈혈, 화병 등을 비롯한 내과 질환, 내분비질환, 그리고 미용 관리의 비율이 더욱 컸다.[16]

그 원인은 여러 가지로 해석할 수 있지만, 그중에서도 한의학이 남성과 여성의 몸을 구분해서 다룬다는 점을 가장 큰 요인으로 꼽을 수 있다. 한의학에서는 전통적으로 오장육부, 기혈 순환의 관점에서 몸의 전체적인 건강 상태를 파악했기에 남성과 여성의 골반 구조나 속 근육의 차이가 건강에 미치는 영향을 중요하게 여겼다.

여성은 임신과 출산 과정에서 골반 구조에 역동적인 변화를 겪는다. 자연분만 시 아기가 골반을 통과하기 위해서는 여러 개의 뼈로 이뤄진 골반이 살짝 벌어졌다 닫혀야 한다. 본래 골반은 몸의 주춧돌 역할을 하는 세 개의 단단한 뼈를 바탕으로 장요근腸腰筋, 이상근梨狀筋, 폐쇄근閉鎖筋 등의 근육이 골반 벽을 탄탄하게 이루고 있다. 따라서 골반 관절을 열기 위해서는 딱딱한 인대 조직이 부드럽게 늘어나야 하는데, 에스트로겐estrogen이나 릴랙신relaxin 등의 호르몬이 그 역할을 한다.

이런 변화는 몸의 균형을 깨뜨릴 뿐만 아니라 심할 경우 질병이 되기도 한다. 체형이 변해서 하체 비만이 되거나, 장기를 지지하던 골반이 정상적으로 역할하지 못해 산후 요실금이나 성 기능장애, 자궁이 아래로 내려가는 자궁하수 등의 문제가 발생하는 것이다. 그러므로 특별한 증상이 나타나기 전에 산후 6개월 전까지 골반을 바로잡아야 한다.

또한 이들 호르몬이 골반 주변뿐만 아니라 어깨, 손목, 발목, 손가락, 발가락 마디마디 등 전신의 근육과 인대를 늘어나게 하므로 무거운 물건을 들거나 과로를 하면 허리나 엉덩이, 어깨 등에 근육통이 유발되기도 한다. 물론 분만 후에는 호르몬 분비에도 변화가 생겨 인대들이 다시 단단해지지만, 수유 시나 아기를 안는 과정에서 자세가 나쁠 경우 인대들이 비정상적인 상태가 되어 통증을 유발하는 것이다.

한편 여성은 남성에 비해 통증을 더 잘 느낀다고 한다. 실제로 여성은 어깨와 관련되어 나타나는 두통, 편두통 외에도 긴장성 두통, 턱관절 증상 등에 남성보다 더욱 취약하다. 여기에 과민성대장증후군, 흔히 손목터널증후군이라고 부르는 손끝이 저리저리한 증상의 수근관증후군, 손발이 창백해지고 굳는 레이노이드증후군, 좌골신경통, 이상근증후군, 류머티즘성관절염, 루푸스 같은 자가면역질환, 이외 원인을 알 수 없는 만성 통증도 여성의 유병률이 훨씬 높다.

이는 남녀 골반의 해부학적인 구조 외에도 유전자나 성호르몬, 뇌 신경계의 기능적 차이 등 다양한 원인을 꼽을 수 있다. 그리고 그중에는 스트레스라는 심리적인 면 또한 무시할 수 없다. 실제로 심리적으로 평온한 상태에서나 감정이 나쁘지 않은 상대와의 접촉은 통증으로 느껴지지 않지만, 스트레스를 받은 상황에서나 불편한 관계에 있는 사람과의 접촉은 통증으로 인식된다. 심리적 요인 또한 기를 울체鬱滯하게 만들고 통증을 유발하며 악화시킨다는 의미이다.

이때 통증을 완화시키는 방법 또한 심리적인 것과 연관되어 있다. 보통 상황 조절이라고 이야기하는데, 상황을 자세하게 설명해주는 것이다. 예를 들어 분만 예정이라면 분만의 1~3기 과정을 상세하게 설명해주는 것만으로도 심리적 안정을 도모할 수 있다. 이를 통해 몸과 마음이 이완되면서 통증에도 더욱 잘 견디게 되어 안정적인 호흡을 유지하며 순산할 수 있다.

분만 상황뿐만 아니라 침이나 주사를 맞을 때도 마찬가지이다. 몸이 긴장하면 실제 통증보다 더 아프게 느껴지는데, 통증의 원인과 양상, 강도, 그리고 경과나 예후를 미리 잘 설명함으로써 덜 민감하게 반응하도록 할 수 있다.

한편 나이가 들어 산후풍과 유사한 통증을 겪는 경우에, 산후조리를 잘하지 못해 후유증이 생겼다고 생각하기도 하지만 이는 사실과 다르다. 단지 아프거나 시린 증상이 예전에 앓았던 산후풍과 비슷하다고 해서 그 병이 몇 십 년간 몸속에 잠복해 있다가 나타났다고 볼 수는 없다.

산후풍은 산후 6개월 이내에 나타나는 증상이다. 관절이나 인대에 무리가 생겼다는 점에서 기전은 비슷할 수 있으나 노화 과정에서 생기는 퇴행성 질환이나 기혈의 부족으로 생긴 수족냉증으로 보는 것이 적절하다. 이 경우 산후에 기혈이 부족한 상태를 개선시키는 약재를 비슷하게 처방하기도 하지만, 해당 질환에 대한 직접적인 치료를 받아야 호전되기도 한다. 만약 한 부위의 관절만 아프거나 붓고 운동에 제한이 있다면 류머티즘성관절염이나 다른 질환을 의심하고 진단과 치료를 받아야 한다.

능동, 때에 맞춰 스스로 움직여라

『동의보감』에서는 여성이 임신 중에 지켜야 할 관리 방법에 대해 이렇게 이야기한다.

> 너무 따뜻하게 입지 말고 너무 배부르게 먹지 말고, (…) 일을 과하게 하지 말고, 너무 오래 잠을 자게끔 누워 있지 말고 수시로 걷는 운동을 해야 한다.

또한 임신한 여성이 크게 놀라면 태아에게 마음의 병이 생긴다고도 말한다.

임신부가 화를 내면 태아의 피가 멍들고, 두려워하면 정신이 병들고, 근심하면 기운에 병이 들고, 크게 놀라면 간질이 생긴다.

이는 좋은 태교를 위한 지침이면서, 동시에 출산 후에도 지켜야 할 산후조리의 핵심이다. 그중에서도 너무 오래 누워 있지 말고 수시로 걷기 운동을 해야 한다는 부분은 산후조리에서 빼놓을 수 없는 핵심이다.

예전에는 산후조리라고 하면 아무것도 하지 말라고 권하거나, 산후조리식으로 무조건 영양이 풍부한 고단백의 음식을 먹는 것으로 생각했지만, 이는 더 과거인 조선 시대의 의서에서도 지양하는 내용이다. 오늘날 적절한 움직임이 더 빠른 회복을 가져온다고 보고 적당한 시기와 강도의 운동을 권하는 것 또한 이미 수천 년부터 내려온 산후조리 방법에 근거하고 있는 것이다.

하지만 산후에 개인적인 운동 시간을 갖는 것은 현실적으로 어려운 것이 사실이다. 육아에 치여 제대로 밥 먹고 씻을 시간조차 없는 경우가 많다. 하지만 임신과 출산 과정에서 대규모의 지각변동을 겪은 체형과 뼈의 구조는 6개월 안에 바로잡지 못하면 돌이키기 어렵다. 임신으로 커진 자궁이 골반을 누르면 골반이 벌어지고 전방으로 쓰러지면서 무릎을 비롯해 관절이 틀어지는 등 자세가 삐딱해진다.

만약 산후에 체중은 어느 정도 돌아왔는데 임신 전에 입었던 바지가 골반에 걸려서 더 이상 들어가지 않거나, 양쪽 다리의 길이가 다르고 양발을 11자로 나란히 하고 서 있는데 골반 높이가 다른 경우에는 골반 변형을 의심해봐야 한다. 이런 증상은 여성이 고유하게 겪는 경험들로 유발되는 질환인 만큼 반드시 남성의 몸과 구분해서 다뤄야 한다.

통증은 약과 침, 뜸으로 줄일 수 있지만, 치료 이후 건강한 삶을 지속하기 위해서는 꾸준한 운동이 뒷받침되어야 한다. 여러 호르몬이 동반된 변화지만, 구조적으로도 단기간에 일어나는 만큼 운동이 가능한 3개월 이후부터 꾸준히 지속해 6개월 이상은 운동하는 것이 좋다.

특히 골반 주변 운동을 통해 근육이나 인대를 단단하게 회복함으로써 골반의 안정성을 회복하는 것이 가장 중요하다. 평생 갖고 갈 골반의 위치를 결정하는 시기라고 생각하고, 힘들더라도 자기 자신을 위하는 마음으로 운동한다면 증상을 개선할 수 있다.

앞서 산후 3개월까지는 건강에 주의해야 한다고 이야기한 것도 무리하지 말라는 것이지 집에서 가만히 있으라는 의미는 아니다. 3개월 이후는 자궁을 비롯해 전체적인 몸 상태가 임신 전으로 돌아가고, 6개월까지는 관절의 통증이나 약화된 근력을 회복시키고 늘었던 체중을 되돌리는 시기이다. 산후조리의 시중을 놓쳐서는 안 된다.

근육은 몸에서 많은 양의 혈액을 저장한 곳인 만큼 원활한 혈액 순환을 위해서는 근육이 제대로 자리하고 기능하는 것이 중요하다. 이는 산후 여성의 건강에서도 마찬가지이다. 근육을 건강하게 유지하는 것이 무엇보다 우선이다.

몸의 근골격 구조를 이루고 있는 뼈나 근육, 인대나 힘줄, 관절, 신경계에서 남녀의 차이는 단 두 가지, 골반과 대퇴골뿐이다. 여성은 골반이 남성보다 약간 벌어져 있고, 대퇴골에서 무릎의 각도가 조금 더 큰 각을 이루고 있다.

물론 골반이나 대퇴골의 모양으로 모든 몸의 차이를 설명할 수는 없지만, 골반 주변 뼈의 모양에 따라 주위 근육이나 인대가 여성 건강에 중요한 의미를 지니는 것은 당연하다. 근육은 단순히 미용적 의미에서뿐만 아니라 내부 장기에 미치는 영향도 크다. 그렇기 때문에 몸속 코어 근육의 중요성을 강조하는 것이다.

틀어지거나 벌어진 골반을 바로잡는 데는 스스로 근육을 움직여 시행하는 자발적인 능동 운동이 좋다. 근육과 인대의 복잡한 구조는 어느 한쪽에만 자극을 주는 것으로는 나아지지 않는다. 스스로 운동해서 속 근육을 키우는 것이 임신과 출산 과정에서 늘어났던 인대나 관절이 다시 수축되어 제자리로 돌아오게 하는 데 훨씬 도움이 된다. 물론 심할 경우 한약을 통해 기혈을 보충함으로써 몸의 회복력을 높이거나 침이나 추나 치료 등을 받는 것도 골반의 안정성을 확보하는 데 도움이 된다.

기혈의 순환이나 음양의 조절에는 한약이나 침, 뜸 등의 방법이 있지만, 근육과 관련된 문제에는 대체재가 없다. 능동 운동만큼 몸을 빠르게 회복시키는 방법은 없다는 의미이다. 스스로 나아지려 노력하지 않으면 산후 건강은 개선되지 않는다. 결국 산후조리의 핵심은 골반 주변의 근육과 인대가 불균형하게 굳기 전에 능동적으로 꾸준히 운동하고 자극을 주는 것이다.

산후조리에서는 몸을 따뜻하게 하고 많이 쉬고 관절을 무리하지 않는 것도 분명 중요하다. 하지만 진정 올바른 산후조리란 결국 시의적절한 운동을 의미한다. 임신과 출산에서 운동의 중요성은 아무리 강조해도 과하지 않다. 임신 전부터 꾸준히 운동해온 여성의 경우 실제로 산후풍의 치료 경과 또한 좋다. 운동은 임신 전과 임신 중, 임신 후까지 꼭 필요하고 중요한 질병 예방법 혹은 치료법인 것이다.

그중에서도 특히 산후 운동에서는 남편의 역할이 무엇보다 중요하다. 남편이 육아와 가사를 분담해 주도적인 역할을 한다면 짧게는 30분에서 한 시간의 운동을 통해 훨씬 잘 회복할 수 있다. 물론 출산 이후 육아 과정이 너무나도 힘들겠지만 가족의 도움을 적극적으로 받아 스스로 운동하고 자세를 잡으며 회복하는 것이 앞으로 일생의 건강을 지키는 길이다.

때를 맞추는 것은 여성의 건강에서 음양의 균형과 순환만큼 중요하다. 마치 봄에 씨앗만 뿌려놓고 여름에 비료도 주지 않고 잡초도 제거하지 않는다면, 가을에 곡식을 수확하기 어려운 것과 같다. 3주, 3개월, 6개월의 시중은 앞으로 남은 평생의 건강을 좌우한다. 출산을 이미 한, 그리고 출산을 준비하는 모든 여성과 가족들이 이 점을 꼭 기억했으면 한다.

4장

폐경, 변화로 다스리다

. . .

봄이 오면 여름이, 가을이 오면 겨울이 오듯이, 폐경 이후의 건강은 몸의 자연스러운 변화를 받아들이는 것에서부터 시작한다. 추운 겨울을 가을부터 걱정할 필요는 없다. 폐경은 병이 아니다. 사계절의 흐름처럼 생의 모든 과정을 소중하고 즐겁게 받아들이는 것이 중요하다.

갱년기, 병이 아닌 세월의 자연스러운 변화

여성은 월경, 임신과 출산 이후 또 한 번 신체적이고 심리적인 급격한 변화를 겪는다. 일생의 중간 지점을 넘어서 후반기에 찾아오는 폐경은 이 시기를 어떻게 적응하고 대처하느냐에 따라 이후 노년기의 건강을 크게 좌우한다.

오늘날에는 폐경 대신 완경이라는 표현을 사용하는데, 여기에는 월경이 자연스럽게 마무리되고 또 다른 삶이 새롭게 시작된다는 의미가 담겨 있다. 이는 영어 폐경기climacteric가 사다리klimax라는 뜻의 그리스어에서 유래한 것과도 의미적으로 통한다. 인생이라는 사다리에서 절정기에 이르렀음을, 그리고 천천히 내려오는 과정은 이후의 인생에서 전환기가 될 것임을 말해준다.

폐경이란 월경이라는 생리 현상이 없어진 상태를 말한다. 이 시기에는 여성호르몬이 감소하고 신체적으로도 고혈압, 당뇨병, 고지혈증, 골다공증 등의 위험성이 커진다. 또한 심리적으로 우울증이나 불면증을 호소하는 경우도 많은데 이는 나이가 들어간다는 것, 여성으로서의 삶이 끝난 것은 아닐까 하는 불안감이 원인이 되기도 한다. 세월을 거스를 수 있는 사람은 이 세상에 없다. 불로장생을 꿈꾸던 역사 속 위대한 인물들도 자연의 흐름 앞에서는 모두 나약한 존재일 뿐이었다.

나이가 들어 여성호르몬이 감소하고 폐경이 진행되는 모든 변화 또한 시간의 흐름에서 자연스러운 현상일 뿐이다. 질병에 의한 병적인 반응이 아니라 누구나 겪는 생리적 변화다. 조금 다른 관점에서 본다면 여성호르몬이 낮은 상태가 병을 만든다기보다는 갑자기 부족해진 상태, 즉 변화가 중요하다고 할 수 있다. 이는 갱년기를 병이 아니라고 말해온 한의학적 관점과도 일치한다.

실제 미국 산부인과학 교재에는 다음과 같은 이야기가 실려 있다. 일반적으로 안면홍조가 여성호르몬인 에스트로겐의 부족으로 나타난다고 알려져 있는 것과 달리, 에스트로겐이 원래부터 부족하던 여성의 경우에는 안면홍조가 나타나지 않는다는 것이다.

갱년기와 똑같이 난포자극호르몬follicle stimulating hormone, FSH이 높고 여성호르몬이 부족한 상태인 터너증후군 환자는 안면홍조 증상을 보이지 않았지만, 여성호르몬 치료를 받다가 멈춘 터너증후군 환자는 안면홍조가 나타났다. 결국 갱년기 증상은 부족한 상태 그 자체보다 변화가 더 중요한 요인일 수 있다는 이야기이다.[17]

이는 호르몬 보충 요법의 효과 자체를 의심하는 것이 아니다. 호르몬 보충 요법은 서양의학에서 갱년기 증상을 치료하는 첫 번째 방법으로, 그 유용성에 대한 연구도 많이 보고되어 있다. 다만 장기적인 효과와 안정성·안전성을 두고 여전히 논란이 있으며, 상황에 따라 적용할 수 없는 여러 가지 제약도 존재한다. 그런 의미에서 갱년기 증상에 대한 비호르몬 요법도 충분히 고려할 가치가 있다. 그중 한의학의 다양한 비호르몬 치료법은 갱년기 증상 개선을 위해 호르몬 보충 요법과 함께 적용할 수 있는 대표적인 방법이다.

실제로 미국 식품의약국 홈페이지에는 호르몬 보충 요법을 최소한의 용량으로 최단 기간 동안만 시행하라는 권고 사항이 게재되어 있다. 일부 폐경기 여성에게 장기간 치료를 지속할 때도 안정성 등의 문제를 꾸준히 검사하면서 관찰해야 하는 것이다.

그런가 하면 신체상의 여러 이유로 이마저도 사용하지 못하는 여성들도 있다. 여성호르몬 관련 암, 중풍, 심장 질환, 혈전 질환, 원인을 알 수 없는 질 출혈, 간 질환 등을 앓고 있는 경우다. 이때 한의학에서 시행하는 비호르몬적 요법인 침이나 뜸은 안전성 면에서 매우 좋은 대안이라 할 수 있다.

앞서 여성호르몬이 시상하부 뇌하수체를 비롯해 중추신경계의 내분비적 측면과 연관되어 있다고 설명했듯이, 갱년기 증상은 여성호르몬 수치를 올리는 방법 외에도 연관된 다른 기능을 올리는 것으로 충분히 개선할 수 있다. 신체 기관 각각의 기능들, 몸 구석구석에 배어 있는 생활 습관을 개선하는 것은 우리 몸의 내분비적인 면을 개선시켜 갱년기 증상을 완화시킬 수 있는 연결 고리가 된다.

호르몬이 부족한 상태는 사계절로 치면 가을 또는 겨울에 해당한다. 겨울이 오는 것이 두려워 가을부터 걱정만 하기보다 이를 인정하고 추위를 이겨낼 체력을 기르는 것이 낫다. 무조건 호르몬만을 다시 채우려는 노력보다는 연결된 다른 장부의 기능을 보강하는 것이 중요하다.

실제로 『동의보감』에서는 폐경을 치료가 필요한 병으로 보지 않았다. 여성 질환을 다루는 장에서조차 호르몬적인 변화로 기인한 갱년기 증상에 대해 직접적으로 언급하고 있지 않다. 월경이 끊긴다는 의미의 경폐經閉라는 단어는 등장하지만, 이는 폐경보다는 오늘날 다른 질환에 해당하는 무월경에 해당한다. 그 대신 노화를 방지하고 건강하게 살아가는 법을 이야기하는 장에서 갱년기 증상에 해당하는 내용을 다루고 있는데, 갱년기 증상을 병이 아닌 자연스러운 삶의 과정으로 인식했음을 보여준다.

현대 한의학에서 갱년기 증상에 사용하는 치료법들 중에는『동의보감』에서 말하는 노화를 늦추고 건강하게 늙어가는 방법, 즉 양생養生을 위한 처방들이 많다. 결국 폐경에서 중요한 것은 삶의 과정을 자연스럽게 받아들이는, 건강하고 긍정적인 삶의 자세라고 할 수 있다.

수승화강, 물은 위로 불은 아래로

모든 여성이 폐경 이후 갱년기 증상을 겪는 것은 아니다. 주변을 둘러보면 폐경 이후에도 건강하고 즐거운 인생을 누리는 경우도 분명 있다. 이는 여성호르몬의 작용만으로는 설명되지 않는다. 이를 한의학에서는 음양의 균형이 잘 맞는 건강한 사람은 갱년기 증상을 겪지 않는다고 본다. 갱년기 증상을 개선하기 위해 한의학에서 가장 중요하게 여기는 치료법은 물과 불의 균형을 바로잡는 것이다.

앞서 이야기했듯이 우리 몸은 음과 양으로 구성되어 있다. 자연

현상에서 음에 해당하는 것은 물이며 양에 해당하는 것은 불이다. 물과 불이 조화를 이루는 상태가 가장 건강하며, 둘 중 하나의 기능이 감소해서 균형이 깨졌을 때 병이 생긴다. 불이 늘어나지 않았어도 물의 기운이 줄어들면 열이 나는 것처럼 느껴진다.

갱년기 증상에서 흔하게 일어나는 안면홍조가 여기에 해당한다. 폐경 전까지는 수족냉증으로 손발이 차고 추위를 잘 타던 여성이 갑자기 열이 올라 더위를 자주 느끼는 것이 그 예다. 이때 갑자기 찬바람을 쐬거나 겉옷을 벗어버리면 감기에 걸리는데, 물이 부족한 것을 상대적으로 덥게 느낀 것이지 불이 늘어난 것이 아니기 때문이다. 쉽게 말해 갱년기 증상이란 물과 불의 균형이 깨진 결과로 나타난다.

갑자기 화를 내고 감정이 변하는 갱년기 여성들을 두고 흔히들 '물불 안 가린다'고 표현한다. 그도 그럴 것이 몸속에 물이 없으니 상대적으로 불이 우세해지고 마른 장작이 타듯이 순식간에 불이 붙는 것이다. 물통에 물이 조금밖에 없으니 조그마한 불에도 금세 달아오르고 끓어 넘친다.

그런 만큼 불이 없어지면 순식간에 식어서 기운이 떨어지고 매사에 의욕이 없거나 피로감을 느낀다. 식욕이 줄고 가슴도 답답하고 피부나 눈에도 건조증이 생긴다. 많은 양의 물을 끓이면 천천히 끓고 오래 유지되지만 적은 양의 물은 금방 끓고 쉽게 식어버리는 것과 같다.

결국 갱년기 증상의 핵심은 몸속 물과 불의 부조화다. 기와 혈, 음과 양 모두 마찬가지이다. 이들 사이의 조화를 잡아주는 것이 한의학 치료의 핵심이다. 어느 것 하나가 부족하거나 넘치면 몸은 균형을 잃고 만다. 따라서 한의학에서는 음이 부족하기 때문에 화가 망동하는 음허화동陰虛火動의 병리적인 상태를 물의 기운을 올려 불의 기운을 내리는 수승화강水昇火降의 요법으로 치료한다.

물에 열을 가해 끓이면 수증기가 위로 올라가듯이, 몸속 불에 의해 물이 수증기가 되어 위로 올라가고 몸 전체를 순환하는 것이 수승화강의 원리다. 이때 수증기가 차가워지면 물로 변해 냉증이 생기고, 기화시켜야 할 물이 없는 상태가 되면 불은 상승하고 물은 하강해 중앙은 텅 빈 양증陽證이 된다. 즉 수승화강의 원칙에 따라 몸속의 물과 불, 기와 혈, 음과 양이 조화를 이루며 순환할 때 우리 몸은 건강을 유지할 수 있다.

물론 한의학에서도 각각의 증상에 따라 치료법을 달리한다. 신장을 비롯한 생식 기능이 저하된 신허腎虛를 보충해주는 치료, 기가 오르고 내리지 못해 울체된 것을 풀어주는 치료, 가슴에 열이 차서 생기는 화병의 열기를 식혀주는 치료 등과 같이 다양한 갱년기 증상에 따라 적절한 처방을 내린다.

특히 갱년기 증상 치료에 사용하는 대표적인 처방인 가미소요산加味逍遙散은 여유롭게 거닌다는 의미의 소요처럼 정체된 기를 퍼지게 하는 효과를 낸다. 이처럼 갱년기 증상에서는 몸속 물과 불, 기와 혈이 여유 있게 퍼지면서 순환하고 제자리를 찾아가는 것이 중요하다.

정도, 운동으로 다잡는 전환기의 삶

폐경이 인생의 새로운 전환기라면 이후 삶을 건강하게 살아가는 데는 스스로의 의지도 중요하다. 그렇기 때문에 약이나 치료보다는 일상 속에서 꾸준히 실천할 수 있는 생활 습관 개선이 우선이다.

앞서 운동이 월경, 임신, 출산 모든 시기에 중요했던 것처럼 폐경을 맞이한 여성에게 운동은 무엇으로도 대체할 수 없는 필수 요소다. 아무리 좋은 한약이나 양약, 침, 뜸, 주사, 수술법을 사용해도 스스로 마음을 다잡고 움직이지 않으면 건강은 저절로 따라오지 않는다.

물론 운동이 폐경기 여성에게 좋다 해도 실천하기까지는 많은 장애물이 있다. 신체 질환으로 운동을 하지 못하는 경우도 있고,

그저 귀찮고 싫어서 기피하는 경우도 있다. 만약 운동 후 한곳이 빨갛게 부어오르는 발적이 있거나 찌르는 듯한 통증을 느낄 경우는 장기적인 운동을 위해 염증이 있는 것은 아닌지 검사하고 치료를 받아야 한다. 하지만 운동 후 젖산 등 피로 물질이 쌓여 유발한 통증에는 적당한 움직임이 오히려 도움이 되기도 한다.

20대에는 운동하지 않아도 날씬한 체형을 유지하고, 조금만 운동해도 살이 빠졌던 여성들도 40대 전후가 되면 똑같은 식사와 활동량으로도 체중이 늘고 체형이 변하는 것을 느낀다. 이런 변화는 서서히 진행되다가 폐경 이후 급격히 심해지는데, 여러 가지 만성적인 신체 증상도 함께 나타나면서 건강에 대한 공포로까지 이어진다. 불과 10여 년 전만 해도 갱년기 증상 하면 안면홍조나 화병을 가장 먼저 떠올렸지만 최근에는 체중 증가의 고충을 토로하는 여성들이 늘어나는 추세다.

하지만 이 또한 받아들일 수밖에 없는 자연스러운 변화이다. 중년 이후 여성에게는 매년 2~3퍼센트씩 근육과 뼈의 손실이 일어나기 때문에 생활 패턴이 변하지 않았더라도 기초대사량이 떨어질 수밖에 없다.[18]

특히 폐경 이후에는 호르몬의 변화로 하체 위주의 여성형 비만에서 복부 위주의 남성형 비만으로 바뀌는데, 이때 뱃살을 빼겠다고 극단적인 칼로리 제한 다이어트를 하면 근육의 질까지 떨어져 영양 부족이나 골다공증 등의 문제가 생길 수 있다. 운동에서도 최고가 아닌 최적을 찾아야 하듯이, 최고로 많이 빼겠다는 욕심보다는 체형의 변화를 인정하며 나이에 맞는 수준의 다이어트를 해야 한다.

갱년기 여성에게는 적당한 영양 섭취와 근육운동이 필요하다. 마른 정도로 체중을 줄이는 것보다는 근육량을 늘려 체형을 바로잡음으로써 옷 사이즈가 더 늘어나지 않도록 노력하는 것이 핵심이다. 특히 폐경 이후에는 상지 근육보다 하지 근육이 더 빠르게 감소하므로 근육운동 중에서도 하체와 코어 운동을 집중적으로 해주는 것이 좋다. 아울러 감각기관이나 운동기관, 인지기관의 변화로 균형 감각이나 순발력이 떨어지기 때문에 유연성을 기르는 운동을 평소에도 꾸준히 하는 것이 좋다.

나에게 맞는 운동이란 텔레비전에서 좋다고 하는 운동, 남들이 하는 운동이 아니라 때에 맞는 운동이다. 즉 운동에도 시중이 필요하다. 만약 무릎이 아프다면 무릎 통증을 완화할 수 있는 운동이 스스로에게 맞는 운동일 것이다.

운동을 꾸준히 하기 위해서는 스스로 재미를 느낄 수 있는 강도와 종류의 운동을 찾는 것도 중요하다. 젊은 시절에 추구했던 최고의 운동이 아닌, 지금 자신의 건강과 신체 상황에 맞으면서 재미있게 꾸준히 할 수 있는 최적의 운동을 찾아서 해야 한다. 자기 몸에 맞는 강도와 시간으로 운동을 구성해 꾸준히 실천할 때 순발력, 심폐 지구력, 유연성 등 체력이 향상되고 건강한 삶에도 한 걸음 더 가까이 다가갈 수 있다. 폐경기에 좋은 운동이라고 해서 누구에게나 좋으리라는 보장은 없다. 운동에도 정도程度가 있는 것이다. 무리한 운동은 하지 않는 것만 못하다.

완경, 있는 그대로의 나 인정하기

폐경 이후 몸과 마음의 건강은 몸의 자연스러운 변화를 받아들이는 것에서부터 시작된다. 앞서 이야기했듯이 봄이 오면 여름이, 가을이 오면 겨울이 오는 것처럼, 사계절을 받아들이듯 생의 시기에 맞춰 자신의 몸을 받아들이는 것이 중요하다. 하지만 누구든 폐경 이후의 상실감과 갑작스럽게 겪는 심리 변화에 힘들 수 있다.

심한 갱년기 증상으로 막막하고 우울하다면 현재 상황이 가족과 함께하는 하나의 마당놀이라 생각해보는 것도 좋다. 기승전결이 있는 마당놀이처럼 갱년기도 지나간다는 생각을 가져보는 것이다. 실시간으로 진행되기 때문에 결과는 알 수 없으나, 해피엔딩으로 끝나야 하는 만큼 주연과 조연 배우 모두의 노력이 필요하다.

마당놀이는 원래 조연의 역할이 큰 만큼, 주연인 여성보다 주변의 조연인 가족들의 역할이 중요하다. 따라서 가족 구성원 모두가 갱년기 여성의 변화한 감정 흐름을 받아들이고 마음을 편안하게 유지해야 한다. 싸웠다 또 달랬다 하면서 주연과 조연이 서로 적절히 맞춰주는 과정을 통해 공감하면서 함께해야 한다. 그럴 때 여성은 몸과 마음의 변화를 극복할 힘이 생기며 갱년기도 어느 순간 지나가 있을 것이다.

이때 효능이 입증되지 않은 건강보조식품에 의존하는 것은 도움이 되지 않는다. 건강보조식품은 어디까지나 식품일 뿐 약이 아니다. 대부분 장기간 복용할 것을 권하지만, 입증되지 않은 성분을 장기간 섭취할 경우에는 부작용이 생길 수도 있다. 만약 건강에 이상이 있다면 전문의에게 직접 진단받고 약을 처방받는 것이 좋다.

폐경은 병이 아니다. 자연스러운 생의 과정 중 하나일 뿐이다. 걱정하며 두려워하거나 극복해야 할 대상으로 볼 필요도 없다. 제2의 인생을 위해 건강을 재정비하는 시기인 것이다.

이를 위해서는 한의학 치료와 함께 운동을 통해 스스로 몸을 다스리려는 노력이 중요하다. 물과 불, 기와 혈, 음과 양의 조화를 통해 수승화강이 이뤄지는 몸을 만들어 이후의 삶을 건강하게 이끌어나가려는 자세가 필요하다.

　체형의 변화 또한 자연스러운 과정으로 받아들이는 것이 좋다. 20대 때의 모습을 상상하며 불만족하기보다는 지금 시기의 가장 건강한 모습을 기대하며 스스로의 몸을 더욱 사랑해야 한다. 완경을 이루기까지 열심히 살아온 지난 삶을 인정하고 있는 그대로의 자기 자신을 받아들이는 마음가짐이 무엇보다 중요하다.

5장

노년, 예방해서 다스리다

. . .

현대 예방 의학에서 가장 중요하게 생각하는 개념은 일찍이 한의학의
원칙과 이론에 이미 존재했다. 음양의 이치에 순응할 것, 음식을 절도
있게 먹을 것, 몸을 단련하는 방법에 능할 것, 규칙적인 생활을 할 것,
함부로 과로하지 말 것.

생장화수장, 노화는 계절의 변화와 같다

통계청이 2021년 발표한 자료에 따르면, 기대수명의 연장과 함께 출산율의 저하로 우리나라도 2025년이면 다섯 명 중 한 명 이상이 노인인 초고령사회에 진입할 것이라고 한다. 2050년에는 노년층이 전체 인구의 39.8퍼센트에 이를 것이라고 하니, 얼마나 건강한 상태로 오래 살 수 있느냐는 앞으로의 사회가 당면한 큰 과제라 할 수 있다.[19]

여성으로서 몸의 변화를 처음 경험하는 월경, 이후 임신과 출산을 거쳐 인생의 전환기를 맞는 폐경을 겪으며 노년기를 맞은 여성의 몸에는 적지 않은 변화가 일어난다. 한의학에서는 여성의 일생을 생장화수장生長化收藏으로 비유한다.

봄이 있으면 여름이 있어 크게 성장하고, 여름이 지나 가을에는 익어가는 곡식을 거두고 겨울에는 저장하듯이, 일생도 계절의 주기처럼 태어나고 성장하고 거두고 죽는 순환을 이룬다는 의미이다. 이처럼 한의학에서는 노화를 늦추거나 막아야 하는 병적인 것이 아니라, 자연의 섭리 속에서 물 흐르듯 이어지는 것으로 본다. 따라서 건강하게 살아가는 법 또한 이런 관점들의 연장선에 있다.

노화란 쉽게 말해 체력의 변화와 상실로 질병과 사망의 위험도가 증가하는 것을 말한다. 제아무리 건강한 청년이라 해도 나이를 먹으면 관절에 이상이 생기고 청력과 시력, 기억력 등이 떨어지며, 근육의 운동 능력이 감소하게 된다.

실제로 건강보험공단이 2021년 발표한 통계에 따르면 65세 이상의 진료비는 전체 인구 진료비의 43.1퍼센트를 차지했으며, 월평균 진료비도 세 배가량 높았다.[20] 또 다른 연구에서도 75세 이후에는 연간 퇴원율이 1.3배 증가하며, 평균 재원 일수 또한 15일 이상 긴 것으로 나타났다.[21] 기대수명의 연장으로 환갑의 의미는 예전 같지 않지만, 65세 이상에서 만성질환을 얻을 위험성은 그만큼 크다고 할 수 있다.

특히 노년기의 건강은 나이와 직접적인 연관이 있다는 점에서 삶의 질을 결정하는 주요 요소이기도 하다. 이와 관련해 2019년 미국 스탠퍼드대학에서 발표한 연구는 우리에게 많은 생각거리를 제시해준다.

이 연구는 18~95세에 이르는 4,263명 남녀의 혈액을 채취해 혈장을 분리한 후 그 안의 단백질 물질을 분석함으로써, 특정 단백질의 수치가 나이에 따라 달라지는지를 살펴본 실험이었다. 연구 결과 일생에서 세 번의 시기인 34세, 60세 그리고 78세에 실제로 노화와 관련한 단백질에 급격한 변화가 생긴다는 것이 확인되었다.[22] 나이와 신체 변화의 연관성을 시사하는 연구 결과라 할 수 있다.

나이는 숫자일 뿐이라는 말과 달리, 이처럼 특정 연령은 건강상에서 중요한 의미를 갖는다. 특히 여성의 경우 35세가 되면 그 이후부터 여성호르몬이 줄어드는 만큼 난임 검사도 더욱 적극적으로 권고받고, 임신 과정에서도 고령 임신부로 분류된다. 그런가 하면 전통적으로 61세는 환갑이라 해서 몸의 변화를 잘 견디고 건강하기를 바라는 염원을 담아 크게 축하했다. 또한 노인 의학에서는 75세 이후의 시기가 되면 건강상 큰 고비를 지난다고 봤는데, 그 시기만 잘 지나면 이후에 대체로 건강하게 잘 지내는 것을 관찰할 수 있다.

과거에만 해도 사람의 수명을 늘리는 것 자체가 관심의 대상이었지만, 이제는 오래 사는 것이 아니라 아프지 않고 건강하게 사는 것을 더욱 강조한다. 즉 기대수명보다는 건강수명을 더욱 중요하게 여기는 것이다. 기대수명이 0세 출생자가 앞으로 생존할 것으로 기대되는 평균 생존 연수를 의미한다면, 건강수명이란 평균 수명에서 질병이나 부상으로 활동하지 못하는 만큼을 뺀 기간을 말한다.

오늘날 우리나라 국민의 건강수명은 2012년에 65.7세였던 것이 2014년에는 65.2세로, 2016년에는 64.9세, 2018년에는 64.4세로 오히려 감소했다. 이는 2018년 기준 기대수명인 82.7세와 비교했을 때 굉장한 차이가 난다.[23] 기대수명과 건강수명 사이 20여 년의 격차 동안에는 질병을 앓는 생활을 하게 된다는 의미이다.

하지만 나이가 들어가는 것을 계절과 같이 자연스러운 순리로 받아들이면 건강수명에 대한 이해도 달라질 수 있다. 20~30대와 같은 근육량과 탄력 있는 몸매를 건강 기준으로 두기보다는 나이에 맞는 체력과 기능을 갖춘 상태를 건강한 모습으로 받아들이는 것이 중요하다. 겨울이 여름 같다고 마냥 좋은 것은 아니듯이, 겨울의 모습 자체를 받아들이며 건강하게 지내는 자세가 필요하다.

한의학에서는 일찍이 건강수명의 개념이 있었다. 이를 보여주는 대표적인 증거로, 2000년 전 중국 의서인 『황제내경黃帝內經』을 꼽을 수 있다. 『황제내경』은 병을 예방하고 건강을 유지하는 개념을 포괄적으로 소개한 최초의 책으로, 그 안에는 현대에 적용해도 손색이 없을 만큼 뛰어난 내용이 담겨 있다. 이 중 소문素問편 상고천진론上古天眞論에 실린 내용을 보면 질병의 문제에 대해 상세히 알 수 있다.

황제가 신하 기백을 불러 다음과 같이 묻는다.

상고 시대 사람은 100세가 넘어서도 동작이 굼뜨지 않았는데, 왜 요즘 사람들은 50세만 되면 동작이 느려지고 쇠약해지는가? 세상이 달라진 것인가, 사람들에게 문제가 있는 것인가?

아프지 않고 활동할 수 있는 상태, 즉 건강수명의 개념을 갖고 있었던 것이다. 이미 2,000여 년 전부터 오래 사는 것이 아니라 건강하게 오래 사는 것의 문제를 인식하고, 100세까지의 장수를 기대했음을 알 수 있다.

이에 대해 신하 기백이 답한다.

상고 시대의 사람들은 양생의 도리를 알고 음양의 이치에 잘 순응해 음식을 절도 있게 먹고 몸을 단련하는 방법에 능했으며 규칙적인 일상생활을 통해 함부로 과로하지 않았기에 100세까지 건강한 몸과 마음을 유지할 수 있었습니다. (…) 술을 물 마시듯이 하고, 정精을 줄이고 진기를 간직하지 못해 성적 만족에 따라 일상생활을 절도 없이 하면 50세만 되어도 쇠약해집니다.

이와 같이 건강과 장수의 비결은 2,000여 년 전이나 21세기나 별반 다르지 않다. 사실 기백의 이야기 안에는 노년기 여성 건강을 위한 다섯 가지 해답이 모두 들어 있다.

음양의 이치에 순응할 것, 음식을 절도 있게 먹을 것, 몸을 단련하는 방법에 능할 것, 규칙적인 생활을 할 것, 함부로 과로하지 말 것. 물론 다섯 가지 원칙은 관점에 따라 다양한 해석이 가능하다. 그러나 오늘날 각종 매체를 통해 홍수처럼 쏟아지는 건강 비법들을 살펴보면 결국 모두 이 다섯 가지 원칙에서 크게 벗어나지 않는 것을 알 수 있다.

음식을 먹을 때 절도 있게 먹으라는 것에서 절도란, 좋은 음식을 먹으라는 것이 아니다. 먹는 때를 맞추고, 너무 많이도 적게도 먹지 말고, 가리지 않고 골고루 먹으라는 의미이다. 이렇듯 건강이란 발달된 의학 지식의 축적보다 상식적인 생활 습관과 가장 밀접히 연관되어 있다고 볼 수 있다. 올바른 생활 습관이야말로 노년기 건강을 지키는 핵심인 것이다.

2017년 대한의사협회가 발표한 100세 건강을 위한 10대 수칙 또한 여기에서 크게 벗어나지 않는다. 하나씩 살펴보면 금연, 절주, 균형식, 신체 운동, 규칙적인 수면, 긍정적 사고, 건강검진과 예방접종, 스트레스 관리, 미세먼지와 신종 감염증 주의, 모바일 기기와의 거리 두기, 모두 열 가지다.[24] 표현의 차이가 있지만 『황제내경』에 실려 있는 다섯 가지 원칙과 큰 틀에서는 결론적으로 다를 바가 없다.

미세먼지나 신종 감염증, 모바일 기기 등 현대인의 생활 변화에 따라 새롭게 추가된 항목이 있지만, 기본적으로 지켜야 할 원칙들은 같다. 결국 시대를 초월하는 건강 원칙이란 한마디로 음양의 이치라 할 수 있다. 음과 양, 물과 불, 기와 혈의 균형과 순환, 낮과 밤, 사계절에 순응하는 삶을 바탕으로 생활 습관을 개선하고 스스로 몸을 움직여 운동하는 것은 수천 년 동안 변하지 않은 건강 비결이다.

건강한 노년기를 위해서는 꾸준한 신체 활동이 중요하다. 운동도 좋지만, 사소해 보여도 일상적인 신체 활동을 꾸준히 하는 것만으로 건강에 도움이 된다. 스스로의 몸을 단련하는 방법에 능해져야 한다. 주위에서도 공경의 차원에서 빨래나 청소, 설거지 등 집안일을 전혀 못 하게 하기보다 적당한 움직임을 스스로 찾아가도록 도와주는 것이 좋다.

실제로 장수하는 사람들의 생활 패턴을 보면 일상적인 신체 활동을 꾸준히 활발하게 해왔다는 것을 알 수 있다. 몸을 꾸준히 움직여서 재생과 활력을 되찾는 회복의 기회를 준 것이다. 물건을 들고 나르고 손주를 돌보는 등의 일상생활 수행 능력이 개선되면 노년기 삶의 질 또한 훨씬 향상된다.

노년기에는 다양한 통증 등의 이유로 운동을 기피하거나 부담스러워하는 경향이 있다. 따라서 관절에 무리가 되거나 통증을 주지 않는 적당한 선에서 관절 가동 범위를 넓혀주는 운동을 하는 것이 좋다. 노년기의 운동은 서두르지 않는 느림의 미학을 갖춰야 한다.

신체적 한계에서 오는 좌절감이나 우울감이 과도한 건강염려증으로 진행되기도 하므로, 신체적인 기력이 떨어지는 시기라는 것을 먼저 받아들이는 것도 중요하다. 최고의 운동보다는 스스로에게 맞는 강도와 속도로 최적의 운동을 해야 한다.

운동은 유산소운동과 근육운동, 스트레칭을 조금씩 나눠서 하는 복합 운동이 좋다. 노년기에 이를수록 일상생활에서 근력, 전신 이동 능력, 지구력, 평형성, 반응성, 유연성 등이 필요하기 때문에 한 가지 운동보다는 복합적인 운동이 자립적 생활 체력을 높여주는 데 효과적이다.

일주일에 세 번 이상, 한 번에 30분에서 한 시간가량 유산소운동과 근육운동을 하고 이와 함께 유연성과 평형성을 강화해주는 스트레칭이나 태극권 등의 운동을 하는 것이 도움이 된다. 실제 연구에 따르면 한 번에 80분, 일주일에 세 번 24주간 복합 운동을 실시한 노년기 여성은 사지 근육량과 자립 생활 체력이 효과적으로 개선되었다고 한다.[25]

우리 일생에서 다이어트는 평생의 숙제와 같아서, 노년기에도 끝나지 않는 고민거리이다. 노년기에 이르면 신체 구성이 달라지고 척추뼈몸통의 퇴행성 변화로 척추가 뒤로 휘어 키가 줄어든다. 따라서 일반적으로 비만도를 판단할 때 적용하는 BMI의 기준을 적용하기도 어렵다. 비만도를 진단할 때도 연령별로 기준을 달리 둬야 하는데, 노인 비만에서는 단순 BMI보다는 복부 비만을 평가할 수 있는 지표가 더욱 적절하다.

연구에 따르면 복부 비만의 경우 허리둘레waist circumference, WC로 평가하는 것이 대사증후군 등의 위험 인자를 선별하는 데 훨씬 더

유용하지만, 노인의 경우에는 그마저도 적절하지 않다고 지적된다. 체지방의 중심화 경향이 심해 기존의 허리둘레 기준을 그대로 적용하기 곤란하기 때문이다.

이에 많은 연구들이 1998년부터 광범위한 인구를 대상으로 시행한 국민건강영양조사를 바탕으로 새로운 허리둘레 기준을 제안했다. 연구에 따르면 성인의 경우 남성 90센티미터, 여성 85센티미터, 노인의 경우 남성 71.3센티미터, 여성 86.7센티미터가 적정 허리둘레이다.[26]

노년기의 다이어트는 단순히 체중 감량의 문제가 아니라, 건강한 일상생활을 능동적으로 유지하는 방법을 찾아가는 과정이라고 이해해야 한다. 따라서 반드시 각자의 건강 상태와 남은 삶의 질을 고려해서 운동의 강도와 속도를 정해야 한다.

오늘날에는 체중을 감소시키는 것이 질병에 걸리는 이환률이나 사망률에 이로운 영향을 주는지에 대한 논란도 많다. 경우에 따라서는 체중 감소가 오히려 기능을 악화시키고 삶의 질에 해로운 결과를 가져오는 경우도 있기 때문이다. 결국 노인 비만은 다른 병발 질환인 당뇨병, 고혈압, 다리 관절의 퇴행성 관절염, 요통 등과 같이 체중 감소가 병의 개선에 실질적인 도움이 될 때만 시도해야 한다.

한편 장수의 비결을 동물의 세계에서 찾으면 한 가지 공통적인 특징이 있다고 한다. 외할머니, 엄마, 자식으로 이어지는 3대가 같이 사는 영장류의 경우 대체로 장수한다는 것이다. 오늘날에는 현실적인 문제로 할머니가 육아를 함께하는 경우가 많지만, 이는 영장류의 공통적인 특징이기도 하다. 자식을 위해 어쩔 수 없이 도와주는 경우도 많겠지만, 그 과정에서 삶의 활력을 찾거나 건강에 대한 욕구가 확장되기도 하기 때문이다.

이때 중요한 것이 가족 구성원의 중간자적 역할이다. 노년기에 육아를 온전히 떠맡아 신체적 고통과 정신적 고립감을 느끼지 않도록, 반대로 자녀 세대는 억압을 느끼지 않도록 중간에서 소통의 창구가 되어야 한다. 그럴 경우 서로의 다름은 긍정적인 영향력으로 다가와 이전 세대와 다음 세대를 이어주는 끈이 된다. 음과 양이 소통하듯, 낮과 밤이 소통하듯 위와 아래 세대가 이어졌을 때 건강한 노년기를 누릴 수 있다.

치병, 수천 년 전의 예방 한의학

『동의보감』에서도 어떻게 하면 건강하게 살아갈 수 있을지에 대한 양생법을 소개한다. 특히 가장 앞에 서술되어 있는 내경內景 편 신형身形에 이를 기록함으로써 그 중요성을 강조하려 했다. 여기에는 다음과 같은 건강의 기본 원칙이 담겨 있다.

첫째, 이도료병以道療病이다. 도로써 병을 다스린다는 의미로, 여기에서 도란 원칙일 수도, 마음가짐일 수도 있다. 병을 치료하려면 환자가 스스로 마음속에 있는 변화를 깨우쳐야 하며, 평범해 보일 수 있는 일상생활의 건강 원칙을 지키는 것도 중요하다.

새로운 기술, 효과가 과장된 건강보조식품 등에 치료를 의존하기보다 마음을 다스리는 것이 곧 건강을 바로잡는 길일 수 있다. 노년기에는 먹어야 하는 약이 이전보다 늘 수밖에 없는데, 이때는 약을 먹는 것만큼 마음을 잘 다스리는 것이 중요하다. 마음이 편안하고 화평하면 약을 먹을 정도의 병이 생기기 전에 몸을 치료할 수 있다.

둘째, 사기조신四氣調神이다. 네 가지 기운에 따라 마음을 조절한다는 것으로, 사계절의 기후 변화에 잘 순응하면서 때를 맞춰서 생활하는 것을 말한다. 자연의 변화에 맞춰 생활하는 것을 건강의 기본으로 본 것이다.

봄과 여름은 양의 기운을 기르는 시기로, 이때 한 해 동안 살아갈 수 있는 에너지를 축적한다. 이 시기에는 밤에 늦게 자고 아침에 일찍 일어나서, 낮 동안에 활발하게 활동하며 햇볕을 많이 쐬어야 한다. 가을과 겨울은 거두고 저장하는 시기로, 음의 기운이 길러지는 시기다. 이때는 일찍 자고 늦게 일어나서 체력을 길러야 한다. 자는 시간, 일어나는 시간부터 생활하는 마음가짐까지도 사계절에 따라야 한다는 것이다.

하지만 오늘날에는 생활환경의 개선으로 실내에서는 계절의 변화를 인식하기 어렵다. 냉난방이 잘되는 곳에서 생활하는 탓에 여름은 시원하게, 겨울은 따뜻하게 지낸다. 여름은 조금 덥게 지내고, 겨울은 추운 기온을 견뎌내면서 계절의 변화에 맞춰 살아왔던 생활 패턴에서 벗어나, 계절의 특성을 못 느낀 채 하루하루만 살아가는 것이다.

그런 면에서 낮과 밤이라는 하루의 시간적 변화는 중요한 의미를 지닌다. 월경통이나 난임, 갱년기 등 현대 여성의 건강 문제에서 항상 주된 요인은 바로 수면 패턴이다. 양적으로는 수면 시간이 적지 않지만, 새벽 2시 이후에 잠을 자는 등 불규칙한 수면으로 질이 떨어지는 것이다.

앞서도 강조했듯이 한의학에서는 자시에 해당하는 밤 11시부터 새벽 1시까지를 양이 소생하는 우주의 양기를 받는 시간으로 보고 반드시 숙면을 취할 것을 강조한다. 이 시간에 여성호르몬이나 성장호르몬이 많이 분비된다는 사실은 서양의학에서도 이미 증명한 바 있다. 물론 직업상의 이유로 시간을 지키기 어려운 여성도 있겠지만, 가능하면 이 시간에는 숙면을 취해야 한다.

한편 사회가 발전하면서 코로나19를 비롯한 다양한 신종 바이러스가 등장하고 새로운 질환이 생기는 등 질병의 패턴도 더욱 다양화되고 있다. 그런 상황에서 신약의 개발 속도가 질병의 발생 속도에 비해 더딜 경우, 우리는 면역력에 기댈 수밖에 없다.

한의학에서 면역력이란 정기精氣 혹은 체력의 의미로, 이를 높이는 것을 가장 중요한 치료 원칙으로 여긴다. 이를 정기존내 사불가간正氣存內 邪不可干이라 한다. 몸 안에 좋은 정기가 내재되어 있으면 바깥에서 들어오는 사기邪氣들이 침범하지 못한다는 의미이다. 여기에서 정기는 면역력을, 사기는 오늘날의 바이러스를 의미한다고 할 수 있다.

이처럼 현대 예방 의학에서 가장 중요하게 생각하는 개념은 일찍이 한의학의 원칙과 이론에 존재했다. 이는 정기를 통해 병이 오기 전에 없앤다는 치병治病의 원칙이기도 하다.

따라서 한의학에서 처방하는 보약補藥은 아직 병은 아니지만 앞으로 병이 될 만한 인자들을 없애서 부족하고 깨진 기운의 조화를 바로잡는 역할을 한다. 서양의학에서 특정한 병명이 존재하지 않는 상태, 질병 상태와 건강한 상태의 중간을 한의학에는 미병未病이라고 한다. 단순히 몸에 좋고 여유가 있어서 먹는 것이 아니라 건강의 균형을 위해 보약으로 보충하는 것이다.

실제로 건강검진 결과는 정상인데도 소화와 같은 비위 기능이나 근육과 관절 사용의 지속적인 불편함으로 한방병원을 찾아오는 여성들이 적지 않다. 건강하지 않은 상태라는 것을 스스로 느끼기는 하지만, 병원에서 여러 검사를 해도 병명은 나오지 않는다. 이는 우리나라 성인 열 명 중 다섯 명이 겪고 있을 만큼 흔한 증상으로, 특히 여성에게 많이 나타난다.[27] 미병 상태에서는 실제 신체적 통증을 느끼기도 하고 소화불량 또는 분노, 우울감, 수면장애, 불안감 등 여러 가지 증상을 보이며, 많은 경우 피로감을 호소한다.

이때 한의학에서는 기운을 북돋는 보기약, 혈을 보충해주는 보혈약, 수분을 채워주는 보음약, 양기를 넣어주는 보양약 등 부족한 부분을 채우는 다양한 종류의 보약을 처방해 몸속 기와 혈, 음과 양의 균형을 맞춘다. 이때 보약은 나이에 맞게 써야 하는데, 나이에 따라 할 수 있는 일, 좋아하는 것, 어울리는 옷이 다르듯 부족하고 보충해야 하는 부분도 다르기 때문이다. 떠도는 이야기 중 노인에게 보약이 좋지 않다는 말이 있는데, 전혀 근거 없는 낭설이다.

한의학에서는 나이가 들어 생기는 여러 질병들의 원인을 오장육부의 불균형으로 보고, 이를 바로잡는 것을 치료법으로 삼는다. 노년기에는 기력이 쇠진해 제 기능을 못 하기 때문에, 혈액순환장애나 영양 대사장애 등의 만성질환이 생기고 배설 능력도 약해진다. 나이가 들수록 각 장기 자체의 고유한 원기가 점점 쇠약해져 기능이 둔화되는 것이다. 뼈에서는 칼슘이 빠져나가고 내분비 호르몬, 체액 등도 고갈되기 쉽다. 또한 질병에 걸릴 경우 회복이 어려우며, 이때 훨씬 더 많은 시간과 노력이 필요하다. 그런 의미에서 노년기의 보약은 면역력 강화, 기력 회복, 염증 개선, 노화 방지 등에 효과적이다.

물론 약이나 기타 의학적 처치만큼 생활 습관 개선이 중요하다. 잘 먹고 잘 자고 잘 움직이는 기본 원칙은 일상생활에서 간과하기 쉽지만, 그 무엇보다 중요하다. 여기에 전문 한의사가 처방한, 너무 강하지 않도록 순하게 지은 보약을 더한다면 노년기의 건강을 유지하는 데 도움이 된다.

소감소체, 사소한 변화에도 예민하게 반응하라

작은 감기와 소화불량만 막아도 만병을 예방할 수 있다는 소감소체消感消滯의 의미처럼 노년기에는 작은 병도 가볍게 넘기지 않는 것이 중요하다. 이 시기에는 같은 질병이라 해도 그 증상은 비정형적인 양상을 보이기 때문이다. 심지어 심한 가슴 통증과 호흡 곤란이 일어나는 심근경색도 가벼운 정도의 증상으로만 나타날 수 있다.

따라서 고령의 가족이 있다면 가벼운 증상도 주의 깊게 살펴야 한다. 또한 노인의 경우 자신의 생활에 대해 상세히 기억하고 답변하지 못하기 때문에 가족 구성원이 평소 식습관을 비롯해 생활 습관, 운동 능력 등을 파악하고 있는 것이 중요하다.

노년기 건강과 삶의 질에서 중요한 것들에는 여러 가지가 있겠지만, 소화와 호흡의 문제는 특히 더 중요하다. 감기는 외적인 원인과 내적인 요인의 복합적인 관계에서 생긴다. 외적인 원인에 해당하는 감기 바이러스는 200여 종에 이르며, 그중 리노 바이러스rhinovirus가 30~50퍼센트, 코로나바이러스coronavirus가 10~15퍼센트를 차지한다. 내적인 요인은 면역력, 즉 정기에 해당한다.

한의학에서는 감기를 풍한风寒과 풍열风热, 즉 차가운 기운과 더운 기운에서 기인하는 것으로 본다. 온도나 습도 변화 등 외부의 나쁜 기운으로부터 스스로 버텨낼 정기가 부족할 때 감기에 걸리는 것이라 한다.

감기의 증상, 즉 표증表證은 일반적으로 재채기, 콧물, 코막힘, 인후통, 미열 등이 있는데, 인체 스스로 병을 이겨내기 위해 땀으로 열을 조절하고 기침으로 가래와 같은 노폐물을 배출하는 것이다. 그렇기 때문에 대부분의 감기는 시간이 흐르면 자연스럽게 낫는다. 어찌 보면 감기는 생명을 위협하지 않으면서 인체의 면역을 증진시킬 수 있는 유일한 질환인 것이다. 문제는 감기로 발생하는 합병증이다.

한의학에서는 특별히 노년기 감기를 허증의 감기라고 해서, 내부의 정기가 약해 내상과 외상이 겸해져 있는 상태로 여긴다. 노년기 감기는 국소 증상은 적은 반면 기침이나 가래, 숨 가쁨, 발열, 식욕부진 등의 증상이 많다. 따라서 염증이 인후두의 상부 호흡기관에만 머물지 않고 쉽게 폐와 같은 하부 호흡기관까지 침범한다.

노년기에 겪는 식욕부진은 병리적이고 환경적인 요인의 영향을 받으므로 단순히 입맛이 없는 것으로 취급해서는 안 된다. 특히 식욕이나 체중이 갑자기 줄어들 경우는 건강상에 문제가 있는 것이 아닌지 반드시 점검해야 한다. 대개 6~12개월의 기간 동안 이유 없이 체중의 5퍼센트 이상이 감소할 경우 질병 발생률과 사망 위험률 증가와 매우 밀접한 연관이 있다.

노년기에는 젊은 층에 비해 면역력이 좋지 않기 때문에 외부에서 침입한 바이러스를 제거하는 것만으로는 회복도 더디고 몸도 쇠진할 수 있다. 그뿐 아니라 폐렴, 중이염, 기타 기관지염과 같은 합병증으로 이어질 수도 있어 더욱 위험하다. 따라서 한의학에서는 노년기 감기에 외부의 사기를 방어하는 치료법뿐만 아니라 내부의 기운을 올리는 치료법을 함께 사용한다. 같은 약을 사용해도 면역력을 기르는 치료를 병행할 때 더 좋은 효과를 볼 수 있기 때문이다.

한편 감기 증상이 오래 호전되지 않는다면 비염과 감별해 치료해야 하며, 결핵과 같은 심각한 질환일 가능성도 염두에 둬야 한다. 심할 경우 입원 치료까지 필요할 수 있으므로 주위의 세심한 관찰이 필요하다.

이와 동시에 노년기에는 뇌의 퇴행으로 우울증 등 정신적인 문제를 겪기도 한다. 기억력 감퇴로 서서히 진행되는 치매와 달리 우울증은 갑자기 나타나는 경우가 많다. 우울증의 증상은 개인마다 다르지만, 일반적으로 2주 이상 지속되는 우울한 기분, 흥미나 의욕의 상실, 식욕부진, 무가치감, 죄책감, 자살 충동 등이 나타난다. 이와 더불어 잠들기 힘들고 깊이 잘 수도 없는 불면 등의 수면 장애, 변비, 소화불량, 체중 감소, 만성피로, 에너지 상실과 같은 신체적인 증상도 나타난다.

노년기 우울증은 슬픈 감정을 적게 표현하고, 흔히 건강염려증을 보이며, 주관적인 기억이 손실되는 등의 특징을 보인다. 심한 우울증 환자는 치매와 같은 임상 양상을 보일 수 있기 때문에 정확한 진단이 필요하다. 삶에 의욕이나 식욕을 상실하거나 불면증과 초조함을 자주 경험하고, 가족 중 우울증을 앓은 이가 있다면 더욱 주의 깊게 살펴야 한다.

노년층은 그간 어른 역할을 해온 만큼 스스로의 심리 상태를 직접적으로 표현하지 않으므로, 흔히 신체적인 증상을 호소하는 가면성 우울을 보인다. 몸의 문제일 뿐 마음의 문제로 여기지 않기 때문에 노화의 당연한 과정이라고 생각하고 넘어가기 쉽다. 입맛이나 수면 패턴의 변화, 피로와 같은 신체 증상들이 젊은 층에게는 우울증의 중요한 신호가 될 수 있지만, 노년기에는 정상적인 노화 과정일 수 있기 때문에 진단도 더욱 어렵다. 그렇기 때문에 한의학과 서양의학 모두의 도움을 받는 것이 중요하다.

한의학에서는 우울증을 오장과 물질적 기초를 이루는 정, 신, 기, 혈 등이 일곱 가지 감정인 칠정과의 조화가 깨진 결과로 본다. 특히 우울증은 화, 담음 등의 병인에 의해 기가 순환하지 못하는 기울 상태와 밀접한 관련이 있다.

우울증 환자의 경우 대체로 무표정하며 어떤 사건을 접할 때 한쪽 면에만 유독 크게 반응하는 모습을 보인다. 긍정적인 면과 부정적인 면을 서로 소통시키지 못해 적절히 타협하지 못하는 것이다. 이처럼 결국 몸의 소통, 정신의 소통, 기의 소통은 모두 연결되어 있다.

따라서 한의학에서는 울체된 기를 원활하게 풀어주고 오장육부에 쌓여 있는 화를 풀어주기 위해 한약 처방과 침 치료를 병행한다. 마음의 문제는 몸으로 풀고, 몸의 문제는 마음을 먼저 다스리라고 했다. 노년기에는 우울한 마음을 다스리려는 노력만큼 잘 먹고 잘 자고 잘 움직이는 것 모두가 매우 중요하다.

2부

일상의 건강법

치료가 필요한 몸의 변화들

여성의 건강을 지키기 위해서는 의학적 치료보다, 몸과 마음을 다스리는 생활 습관 개선이 우선이다. 하루하루 작지만 잘못된 습관들을 바꾸는 것이야말로 어떤 치료법보다 우선해야 할 일상의 건강법이다.

1장

다이어트, 생각부터 다스리다

. . .

다이어트는 단순히 의지 부족의 문제가 아니다. 입보다는 몸에 이로운 음식을 고를 것, 규칙적인 시간대에 적절한 양만큼 먹을 것, 적당히 움직일 것. 이 모든 것을 지키기 위해서는 몸과 마음 사이의 깨진 균형을 맞추는 것이 중요하다.

자세, 다이어트에 관한 생각 바꾸기

허리띠가 한 칸 줄어들 때마다 수명은 10년 늘어난다며 무조건 적인 체중 감량을 강조하던 때가 있었다. 이때만 해도 비만은 수명과 밀접히 연결된 개념이었고, 날씬한 몸매에 저체중인 사람이 오히려 더 건강하다고 여겨졌다.

하지만 요즘에는 체중 자체가 비만의 기준을 넘느냐 넘지 않느냐보다는, 체중은 과체중이더라도 지방과 근육의 체성분 비율이 적정한가를 더 중요하게 여긴다. 실제 연구를 통해서도 중등도 비만의 사망 위험률이 저체중의 마른 몸에 비해 더욱 낮다는 것이 확인되었다. 이를 비만의 역설이라고 한다.

2002~2010년까지 국민건강보험공단의 데이터에 포함된 우리나라 30세 이상 100만 명을 대상으로 한 연구에 따르면, BMI 23~24.9 과체중의 사망 위험률이 1일 때, BMI 25~26.4 중등도 비만의 사망 위험률은 그보다 낮은 0.86이었으며, BMI 18.5 미만인 저체중의 사망 위험률은 2.24로 중등도 비만의 경우보다 두 배 이상 높았다.[28]

물론 중등도 비만의 사망 위험률이 더 낮다는 결론은 다양한 고려 사항에 따라 다르게 해석할 수도 있다. 하지만 체중에 집착하기보다는 적정한 체형을 만드는 것이 건강을 위해 더욱 중요하다는 것을 보여주는 결과인 것은 맞다.

보기에 좋은 체형도 중요하지만, 극단적인 다이어트보다는 적당한 운동을 통해 지방을 줄이고 근육은 늘리는 것이 중요하다. 단순히 체중계의 숫자에 집착하지 말고, 근육량을 적절하게 유지하면서 체력을 유지할 수 있는지, 살이 조금 쪄 보여도 심폐기능이 좋은지가 더 중요한 문제이다. 보이는 것이 전부가 아니라는 말처럼 핵심은 몸의 외형적으로 드러나는 체형이 아니라 내부를 구성하는 근육량과 지방의 비율이다.

우리 몸은 상당히 복잡하고 유기적인 구조로 이뤄져 있다. 따라서 한 부분의 구조가 틀어질 경우 다른 부분이 그 부족한 부분을 보완하게 되는데, 이때 부족한 부분을 보완했던 그 부위까지도 문제가 생긴다.

현대인들에게 흔히 나타나는 거북목에서 이런 현상을 찾아볼 수 있다. 목을 지지하기 위해 어깨, 허리, 심지어 발까지 피로가 쌓이게 되는데, 그 결과 곳곳에 통증이 발생하고 근력이 약해지며 골절 위험이 커지는 등 여러 질환이 유발된다.

몸은 단단한 뼈들과 그 사이를 지탱해주는 근육의 조화에 의해 서 있고 움직일 수 있다. 두 다리 위에 골반이라는 평평한 주춧돌이 얹혀져 균형을 잡고 있고, 중간에 세워진 척추라는 막대기의 가장 위에 머리가 올려져 있는 구조다.

골반은 부채 모양으로 펼쳐진 두 개의 엉덩뼈인 장골^{腸骨}과 중간의 꼬리뼈로 이뤄져 있는데, 골반뼈가 전후좌우로 수평을 잘 맞추고 있어야 그 위의 척추도 올바르게 균형을 잡는다. 양다리를 자유롭게 사용하고, 척추를 원하는 대로 움직이는 것 모두 골반이 바른 위치에 있고 다른 부위와 정렬이 제대로 맞을 때 비로소 가능한 것이다. 골반의 바른 위치는 양측 장골 윗부분의 좌우 높이가 같고, 앞뒤로 뾰족하게 튀어나온 장골극이 수평으로 같은 선상에 있는 상태로, 주위를 지나는 많은 근육들의 균형에 의해 좌우된다.

골반은 바구니와 같은 형태로 하복부의 장기를 지지하며 신경과 혈관 등이 다리 쪽으로 지나는 통로가 된다. 그렇기 때문에 골반이 틀어지면 하복부의 장기에까지 영향을 미쳐 생리통, 성 기능 저하를 유발하고 다리에 통증이나 저림 증상이 나타나기도 한다. 만약 이런 특별한 이상이 없더라도 어깨나 허리가 반복적으로 아프거나, 평소 발목을 잘 접질리거나 왼쪽이든 오른쪽이든 한쪽 방향으로 다리를 꼬고 앉는 것이 편하다면 골반의 불균형을 의심해 봐야 한다.

특히 최근에는 잘못된 자세 때문에 젊은 층에서 디스크 발생률이 높아지고 있다. 척추는 몸의 중심이 되는 축으로, 척추가 무너지면 몸 전체의 균형이 모두 무너지게 된다. 이는 디스크나 척추측만증 등 허리 관련 질환뿐만 아니라 엉치뼈, 허벅지, 종아리, 발가락 부위가 시리고 저리거나 당기는 통증, 심지어 두통까지 유발하기도 한다. 심할 경우 좌우 어깨높이가 불균형해져 복부와 하체 비만을 일으키기도 한다.

몸의 균형을 유지하는 것은 건강한 신체를 만드는 데 가장 기초적인 요건이다. 여기에 평소 자세를 개선하는 것만으로도 실제 다이어트 효과까지 볼 수 있으니, 바른 자세야말로 일상에서 습관화할 수 있는 다이어트법인 것이다.

바른 자세란 몸의 근육과 골격이 균형을 유지하고 있는 상태이다. 외형적으로 바른 자세를 판단하는 기준은 우리 몸에서 중요한 몇 가지 구조물들을 잇는 가상의 선으로 판단할 수 있다. 몸을 뒤쪽에서 봤을 때 머리의 정중앙 선이 척추와 일치하고 그 연장선이 두 발의 중간까지 이어지며, 측면에서 봤을 때 귀, 어깨, 넓적다리뼈의 윗부분 돌기, 무릎과 외측 복사뼈 약간 앞쪽 부분이 일직선이 되는 자세다.

대부분의 경우 잘못된 생활 습관으로 이런 바른 자세를 유지하는 것을 어려워한다. 그렇기 때문에 의식적으로라도 바른 자세를 유지하려는 노력이 필요하다. 서 있을 때는 아랫배를 살짝 당기고 엉덩이 근육에 힘을 줘야 한다. 등을 펴서 어깨가 굽지 않도록 하며 머리는 약간 뒤로 젖혀 시선은 상방 15도 정도를 본다. 이때 턱은 살짝 당기는 느낌을 유지한다.

오래 서 있을 경우에는 짝다리를 하기보다는 한쪽 다리를 높이가 다른 물건에 올리고 서 있는 것이 좋다. 이때 한쪽으로 치우치지 않게 양쪽 다리를 번갈아가며 올린다. 앉는 자세 또한 중요하다. 앉아 있을 때는 누워 있을 때보다 두세 배의 체중이 허리에 가해진다. 따라서 상체를 똑바로 세우고 등, 허리, 엉덩이를 의자 등받이에 밀착시켜 앉아야 한다. 혹시 다리를 꼬고 앉는다면 수시로 다리를 번갈아 올려야 하며, 한 시간에 한 번은 자리에서 일어나 기지개를 켜주면 좋다.

근육은 몸을 움직이게 하는 역할 외에도 골격을 지탱하는 중요한 역할을 한다. 따라서 근육은 관절이 정상적인 활동을 할 수 있을 만큼 길어야 하고, 관절이 안정적일 수 있을 만큼 짧아야 한다. 이를 위해서는 근육의 적정 길이를 찾아줘야 하는데, 이때 스트레칭이 중요한 역할을 한다. 아침저녁으로 20분씩 스트레칭을 해서 근육의 긴장을 풀어주고, 하루에 열 번씩만 자세를 고쳐 잡아도 잘못된 골반 위치를 교정하는 데 매우 효과적이다.

만약 통증이 있거나 근육이 굳어서 바른 자세가 어려우면 침 치료를 병행하는 것이 좋다. 운동과 함께 시행하는 한의학 치료들은 몸의 근골격이 균형을 바로잡게 도와주므로, 꾸준히 치료받으면 점차 바른 자세를 가질 수 있다. 이를 통해 체중 감량뿐 아니라 건강하고 균형 잡힌 날씬한 체형까지 자연스럽게 얻을 수 있다.

스트레스, 비만의 내적 요인

한의학에서는 비만을 담음과 어혈의 문제로도 본다. 물만 먹어도 살이 찐다거나 부종이 살이 되었다고 하는 여성들은 실제로 담음의 문제를 가진 경우가 많다. 담음은 순환하지 않는 수분의 개념이고, 어혈은 순환하지 않는 혈의 개념이다. 소화와 수분 대사를 통해 몸을 조절하는 비위와 오장육부가 균형을 잃고 제대로 기능하지 못하면 순환이 원활하게 되지 않아 노폐물이 생기고, 그 결과 비만의 원인이 된다.

섭취하는 칼로리를 제한하고 운동도 꾸준히 하는데 살이 잘 안 빠지는 경우 몸의 대사 기능이 저하되어 있거나 다른 내분비질환이 있을 수 있다. 담음에 해당하는 몸 상태다. 이때는 식욕을 억제하는 처방 외에도 담음을 치료하는 이진탕을 기본 처방으로 삼는다. 여기에 여러 가지 한약을 가미함으로써 체중 감량 효과를 거둘 수 있다.

다이어트를 위해서는 입보다는 몸에 이로운 음식을 제때, 적절한 양만큼 먹고 자신에게 맞는 운동을 하는 것이 중요하다. 이와 더불어 몸속의 균형을 깨는 노폐물의 원인을 찾아내고 치료하는 것도 마찬가지로 중요하다.

한편 소위 물만 먹어도 살이 찌는 체질의 경우 스트레스가 그 원인인 경우도 있다. 물론 적당량의 일시적인 스트레스는 식욕을 줄어들게 한다. 하지만 장기적인 스트레스는 결과적으로 다이어트에 치명적인 걸림돌이 된다.

흔히 스트레스 호르몬이라 불리는 코르티솔cortisol은 급성 스트

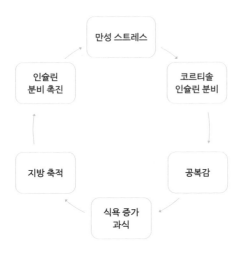

레스에 반응해 분비되는 물질로, 본래 스트레스에 대항해 신체에 필요한 에너지를 공급하는 역할을 한다. 그러나 스트레스가 과도하거나 장기적으로 지속되어 만성으로 자리 잡으면 코르티솔의 혈중 농도가 높아져 인슐린 분비를 증가시킨다. 이는 인슐린 저항성을 증가시켜 지방 조직 내 인슐린 민감도나 지방 생성에 영향을 미친다.

스트레스를 받았을 때 단 음식이 생각나는 이유도 혈당이 떨어져 공복감을 강하게 느끼기 때문이다. 인슐린에 대한 반응이 늦어져 더 많은 인슐린이 분비되고 또다시 공복감을 느끼는 악순환을 거듭하는 것이다. 그렇게 더 많은 열량을 섭취하고 남은 에너지는 몸의 지방으로 쌓이는데, 특히 인슐린에 의한 지방 축적은 복부 쪽에 집중되는 경향이 있다.

당뇨병에서 인슐린은 혈당을 떨어뜨리는 좋은 물질이지만, 대부분의 경우 복부 비만을 유발하는 양면성을 갖고 있다. 그뿐 아니라 과도하게 분비된 코르티솔은 근육 조직 내의 단백질을 분해해 근육도 줄어들게 된다.

스트레스가 만병의 근원이듯이, 스트레스로 유발된 복부 비만 또한 건강을 위협하는 위험성 면에서 전혀 떨어지지 않는다. 대한비만학회가 30~49세 성인을 2009~2017년 동안 추적 관찰한 연구에 따르면, 복부 비만의 경우 그렇지 않은 경우에 비해 각종 질환에 걸릴 확률이 당뇨병 5.3배, 고혈압 2.6배, 심근경색 1.8배, 뇌졸중 1.7배에 이른다.[29]

이런 비만 관련 질병 대부분의 가장 큰 위험 요인은 내장 비만이다. 지방은 위치에 따라서 피하지방과 내장 지방으로 나뉘는데, 복부 쪽에 집중적으로 지방이 쌓이는 내장 비만의 경우 비만과 관련된 고혈압, 당뇨병, 고지혈증, 심장 질환 등의 대사 질환 발병 위험을 높인다.

복부 비만은 본래 남성형 비만이라고 부르기도 하지만, 여성에게도 많이 나타나며, 특히 폐경 후 여성호르몬의 감소와 함께 증가하는 경향이 있다. 이야기했듯이 체중이 높다고 누구나 성인병에 걸리고 수명이 단축되는 것은 아니다. 체중이 많이 나가더라도 근육이 많고 지방이 적으면 비만 관련 질환에서 자유로울 수 있다. 따라서 중년의 경우 단순히 젊을 때의 마른 체중을 목표로 다이어트하는 것은 적절하지 않다. 적절한 체중과 적당한 근육량을 가진 균형 잡힌 몸매가 체중계 바늘이 가리키는 숫자보다 훨씬 중요하다는 것을 꼭 기억해야 한다.

한편 체중은 정상이거나 적게 나가지만 체지방이 많은 마른 비만도 있는데, 이를 근감소형 비만이라고도 한다. 이 경우 대부분 근육량이 부족해서 조금만 더 먹거나 생활 습관에 작은 변화라도 생기면 급격히 체중이 증가할 수 있다. 젊은 시절에는 운동을 안 해도 살이 안 찌던 여성이 30대 중반이 넘어가며 갑작스럽게 체중이 급증하는 경우가 이에 해당한다. 과거에는 며칠만 굶어도 체중이 빠졌지만 이제는 큰 결심 끝에 오랫동안 음식을 줄이고 열량을 제한해도 꿈쩍하지 않는다.

나이가 들면 근육과 근 기능 감소, 이에 따른 활동성 감소로 인슐린 저항성이 증가하고 에너지 소비가 감소한다. 이는 복부 비만과 마찬가지로 신체 운동 기능장애와 대사장애의 위험성을 증가시켜, 심혈관계 질환의 유병률을 높인다. 날씬해 보인다고, 체중이 적게 나간다고 건강한 것은 아닌 것이다.

스트레스와 비만의 연결 고리를 끊어내는 방법은 분명 존재한다. 너무 뻔하지만 꾸준한 운동이야말로 악순환의 사이클을 끊고 건강한 몸을 얻는 방법이다. 전신 유산소운동에 더해 복부와 등 근육운동을 일주일에 3회 이상 꾸준히 병행하면 도움이 된다. 다만 운동 자체가 스트레스가 되지 않도록, 스트레스를 풀 수 있을 정도의 적당한 운동을 하는 것이 중요하다.

지속가능성, 결국 답은 식이와 운동

살은 섭취하는 열량이 소비하는 열량보다 클 때 찐다. 이 말은 곧 체중 감량을 위해서는 섭취하는 열량을 줄이고 소비하는 열량을 늘려야 한다는 것이다. 이를 또 바꿔 말하면, 결국 다이어트의 답은 식이 조절과 운동이다.

기초대사량이 큰 경우 소비하는 열량이 크므로 살이 쉽게 찌지 않는다는 말을 들어봤을 것이다. 생명 유지에 필요한 최소한의 에너지 양을 의미하는 기초대사량은 운동을 통해 높일 수 있다고 알려져 있다. 하지만 식이 또한 기초대사량을 결정짓는 중요한 요소이다.

기초대사량은 안정 시 대사량, 운동 시 대사량, 식사 후 대사량으로 구성되는데 운동 시 대사량이 20~30퍼센트, 식사 후 대사량이 5~10퍼센트, 안정 시 대사량이 60~70퍼센트를 차지한다.[30] 운동선수처럼 하루 종일 끊임없이 움직이지 않는 이상, 일상생활 속에서 체중을 줄이기 위해서는 기초대사량을 늘리는 것이 중요하고, 그중에서도 운동 시보다 안정 시 대사량에 더욱 중점을 둬야 한다.

안정 시 대사량을 결정하는 요인으로는 체표면적, 나이, 성별, 갑상선호르몬, 유전, 체온, 여성의 월경 주기, 식이, 운동 등이 있다. 비슷한 또래의 친구끼리 같은 음식을 먹고, 같이 놀러 다니며 비슷하게 활동해도 체중이 서로 다른 이유가 안정 시 대사량에 있는 것이다. 안정 시 대사량을 결정하는 요인 중 노력으로 바꿀 수 있는 것은 식이와 운동뿐이다. 맛있는 음식을 마음껏 먹으면서 운동은 조금만 해도 날씬한 몸매가 유지되기를 바라는 것은 상식적이지 않다.

물론 몸의 대사 과정은 상식을 벗어나는 경우도 많다. 임상에서는 환자가 분명히 몇 끼를 굶고 왔는데도 체중이 늘어나 있는 경우도 볼 수 있다. 5에서 1을 빼면 4라는 산수 공식이나 물리학의 질량보존의 법칙은 여기에서만큼은 적용되지 않는다. 하지만 균형 잡힌 식단으로 때맞춰 식사하는 것은 지속적인 체중 감량에 분명 효과적인 방법이다.

결국 성공하는 다이어트의 핵심은 변화이다. 기존에 살아왔던 방식, 먹어온 음식의 종류, 운동 패턴 등에서 변화를 줘야 한다. 이를 위해서는 다음 열 가지를 꼭 기억해야 한다.

첫째, 지속가능한 목표를 설정해야 한다. 여기에는 스스로 마음에 드는, 할 수밖에 없는 동기가 부여되어야 한다. 1킬로그램 감량이라는 소박한 단기 목표를 세우고 상벌 원칙을 정해놓는 것도 좋다. 성공했다면 스스로를 위해 일정 금액을 저축하고, 실패했다면 같은 금액을 기부하는 식이다.

둘째, 무엇을 먹느냐보다 어떻게 먹느냐를 고민해야 한다. 식기를 작은 크기로 바꿔 무의식중에 많은 양을 먹지 않도록 하는 것도 좋은 방법이다. 밥을 지금 먹는 양의 3분의 1만 줄이고 반찬을 조금씩 덜 먹으면 대략 하루 500칼로리의 열량 섭취를 줄일 수 있다. 식단을 갑자기 닭가슴살이나 고구마, 야채 등으로 제한하기보다 현재 식단에서 담백한 음식으로 바꾸는 정도가 적절하다.

셋째, '원 푸드 다이어트'와 같은 극단적인 방법은 지양해야 한다. 이때 먹는 한 가지 음식만 평생 먹고 살 수는 없기 때문이다. 무리하게 단식하거나 한 가지 음식만 먹는 것은 장기적으로 좋지 않은 결과를 가져올 뿐이다. 지속적으로 먹을 수 있는 즐거운 음식으로 다이어트를 해야 식생활 자체가 개선되어 이후에도 음식을 일부러 가리거나 억제할 필요가 없어진다. 그러나 실제로 많은 여성들이 단식과 같은 극단적인 다이어트를 시도한다. 고기만 먹고 탄수화물은 제한하는 황제 다이어트, 2주 동안 정해진 식단의 음식만 섭취하는 덴마크 다이어트를 비롯해 시대에 따라 유행하는 다이어트법도 여러 가지이다.

연구에 따르면 사춘기 때의 극심한 다이어트로 야기된 영양 부족은 여러 여성 질환에 방아쇠 역할을 한다.[31] 특히 아침 식사를 건너뛰는 식이 습관이 시상하부hypothalamus, 뇌하수체piotuitary gland, 난소ovary로 이어지는 HPO축과 연관되어 난소와 자궁 기능 부전과 연결될 수 있다는 가설도 있다.[32]

물론 이런 다이어트로 체중 감량에 성공하는 사람들도 존재한다. 하지만 너무 무리한 다이어트는 오히려 체력을 떨어지게 해기운을 보충하기 위한 폭식을 유발하고, 결국 요요 현상을 가져올수밖에 없다.

넷째, 살이 찌는 음식을 멀리해야 한다. 사실 극단적인 식이 조절로 체중을 감량한 사람들에게는 한 가지 공통점이 있다. 정해진 음식만 열심히 먹었다는 점이다. 한두 가지 음식만 제한적으로 섭취하는 과정에서 살이 쉽게 찌는 특정 음식을 자연스럽게 먹지 않았던 것이다.

결국 특정 음식만 고집할 것이 아니라 자신을 살찌게 하는 음식을 제한하는 것이 훨씬 효과적일 수 있다. 곰곰이 생각해보면 저마다 자신을 살찌게 만든 음식이 분명 있을 것이다. 굶었는데 살이 찌는 일은 없다.

다섯째, 단 음식의 섭취를 줄여야 한다. 단 음식은 칼로리가 높을 뿐만 아니라 아무리 적은 양이어도 먹으면 먹을수록 더욱 단것을 찾게 만든다. 식사 후 디저트만 먹지 않아도 한 끼 섭취 칼로리를 줄일 수 있다. 그럼에도 체중이 늘어나는 원인을 찾을 수 없다면 식사 일지를 써보는 것이 좋다. 실제로 식이에 자신을 보이던 사람들도 일지를 적고 난 후 잘못을 깨닫는 경우가 많다.

여섯째, 음식은 칼로리보다 종류가 중요하다는 것을 알아야 한다. 몸에 좋은 음식을 적당히 섭취하는 것이 건강하게 살을 뺄 수 있는 길이다. 좋은 음식이란 쉽게 말해 녹여 먹거나 그냥 마시기보다는 씹어야 삼킬 수 있는 종류다.

혈당지수glycemic index, GI라는 말을 들어봤을 것이다. 보통 GI지수라 말하는데 탄수화물이 혈당에 미치는 영향을 나타내는 지표로, 낮을수록 혈당이 천천히 올라가는 것을 의미한다. 바꿔 말하면

GI지수가 높은 음식일수록 살이 쉽게 찐다. 따라서 GI지수가 낮은 음식들의 공통점을 찾아 이들을 섭취하는 편이 다이어트에 훨씬 효과적이다.

GI지수가 낮은 음식은 식이섬유가 많은 음식, 즉 씹어야 삼킬 수 있는 음식이다. 고구마와 감자를 비교하면 이해하기 쉽다. 이들의 GI지수는 고구마 55, 감자 90으로, 고구마는 섬유질이 많아서 녹여 먹기 어렵지만 감자는 입안에 넣고 오물오물하면 잘게 부숴져 쉽게 흡수된다. 고구마가 다이어트식으로 각광받는 이유다. 같은 칼로리의 음식이라도 GI지수가 높거나 포화지방, 트랜스 지방, 식품 첨가물 등이 많이 함유된 음식은 피해야 한다.

그런 의미에서 밥은 억울한 누명을 쓰고 있는 음식이다. '탄수화물 죄책감'이라는 말이 있을 정도로 탄수화물 섭취를 줄여야 한다고 여기저기서 이야기한다. 하지만 탄수화물 중에서도 몸에 좋은 탄수화물이 있다. 빵에는 탄수화물인 밀가루만 있는 것이 아니라 쇼트닝이라고 하는 트랜스 지방과 설탕 그리고 갖가지 식품 첨가물들이 들어간다.

반면 쌀과 같은 곡류에 들어 있는 탄수화물은 복합 탄수화물이다. 특히 현미처럼 섬유질이 풍부한 곡류는 소화 과정에서 여러 개의 고리가 끊어져야 하기 때문에 비교적 천천히 흡수된다. 우리 몸에 필요한 에너지원으로써 안정적으로 땔감을 공급할 수 있는 것이다.

일곱째, 다이어트는 속도와 강도 차원을 모두 고려해야 한다. 체중을 단시간에 크게 감량하려 할 경우 다이어트는 그만큼 실패하기 쉽다. 운동은 짧은 시간이라도 꾸준히 할 수 있도록 장기적인 계획을 세우는 것이 좋다. 한 끼를 과식했다고 그날만 열심히 운동하는 것은 사실상 별 효과가 없다. 안정 시 대사량을 늘리기 위해서는 3개월 이상의 계획을 바탕으로 꾸준하고 규칙적으로 운동해야 한다.

다이어트는 단순히 의지 부족의 문제가 아니다. 의지로 또는 약으로 식욕을 억제하는 데는 한계가 있다. 꾸준한 유산소 운동과 근육운동을 통해 안정 시 기초대사량을 늘리려는 목표를 잡는 것이 사실상 가장 효과적인 방법이다.

여덟째, 체중계 숫자로부터 자유로워야 한다. 앞서 이야기했듯이 스트레스는 비만의 주요 원인이다. 몸무게는 지방과 상관없이 근육이 많으면 더 올라간다. 매일 체중을 재면서 몸무게에 집착할 이유가 없다. 요요 현상 없이 체중 감량에 성공한 사람들은 매일 체중계의 숫자에 집착하기보다 다이어트를 습관화해 하나의 생활 방식으로 삼는다.

아홉째, 다이어트에 관한 정보를 맹신하지 않아야 한다. 다이어트에 대해 각 분야의 전문가들은 정말 다양한 정보들을 쏟아낸다. 단기간에 가장 효과적으로 체중 감량을 가능하게 한다는 솔깃한 정보들도 넘쳐난다. 하지만 그런 정보들을 무작정 따르다 보면 원하던 바람과는 다른 결과를 얻을 수 있다.

열 번째, 연령에 맞는 다이어트 전략을 세워야 한다. 특히 젊은 층에서는 비교적 효과적이었던 다이어트 비법이 중년 여성에게는 맞지 않는 경우도 많다. 중년 여성은 폐경 이후 여성호르몬의 변화로 기초대사량이 감소하며 체중이 갑자기 늘기도 한다. 이때 젊은 여성과 같이 칼로리 제한 다이어트를 시도하다가는 도리어 영양 부족으로 건강에 이상이 생길 수도 있다.

노년기도 마찬가지이다. 20대 때를 생각하며 며칠 굶거나 조금만 운동하면 달라질 것이라 기대하는 것은 환상이다. 현재의 몸은 이전과 다르다는 것을 먼저 인정하고 제대로 된 목표를 설정하는 것이 중요하다.

사상의학, 타고난 것보다 중요한 것은 노력

다이어트와 관련해 흔히 비만을 살이 잘 찌는 체질과 관련지어 이야기하기도 한다. 그러나 일상에서 사용하는 체질이라는 용

어와 한의학, 사상의학에서 이야기하는 체질에는 그 뜻에 차이가 있다.

사상의학에서는 체질에 따라 같은 병도 각자의 몸에 따라 다르게 반응한다고 보기 때문에 치료를 위한 한약도 체질별로 다르게 사용한다. 각자의 체질에 따라 몸의 반응이나 마음의 씀씀이가 다르므로 개인의 특성을 잘 이해해야 더 건강해질 수 있다는 것이 핵심이다.

많은 경우 이런 사상체질을 다이어트와 연관 지어 이야기한다. 사실 체질의 특성을 읽어보면 살이 더 잘 찌는 체질과 그렇지 않은 체질로 나뉘는 것처럼 보이기도 한다. 하지만 모든 체질은 개인적인 생활 습관이나 패턴에 따라 살이 찔 수도 있고 그렇지 않을 수도 있다.

태음인의 체질적 특성을 한마디로 표현하면 '용량이 크다'고 말할 수 있다. 태음인은 외모 자체가 두툼하고 정방형이기 때문에 살이 잘 찌는 체질이라는 말을 많이 듣는다. 모든 일을 다 받아들일 수도 있지만, 세세한 것까지 광범위하게 고려하기 때문에 쉽게 결정하지 못하고 혼자 고민에 빠지기도 쉽다.

그러다 고민이 오랫동안 지속되면 스트레스가 악화되어 장의 운동과 기혈 순환이 늦어져 아랫배에 가스가 차서 답답하거나 변을 보는 시간이 길어지며 용변 후에도 시원하지 않다. 또한 조급해지고 가슴이 두근거리는 증상이 나타나 쉽게 피로를 느끼게 되는데, 구강이 건조하고 쓰면서 냄새가 많이 나며 갈증을 느껴 물을 많이 마시게 된다. 이 경우 평소보다 식욕이 왕성해져 배고픈 것을 못 참는다.

결국 태음인은 스트레스를 받으면 혈액순환이 원활하지 않아서 살이 찌기 쉬운 체질이라고 할 수 있다. 따라서 휴식과 안정을 고집하기보다 매일 10분이라도 규칙적으로 움직이는 습관을 갖는 것이 좋다. 태음인은 간의 기능이 왕성하고, 폐의 기능이 약하므로 운동량이 충분한 유산소운동을 땀이 흐를 정도로 해서 몸을 꾸준히 움직이고, 수분 섭취와 목욕을 충분히 해서 전신에 땀을 흘려 수분 대사나 혈액순환이 원활히 이뤄지도록 노력해야 한다.

또한 식탐이 크고 소화력이 좋으며 쌓아두는 것을 좋아하기 때문에, 무엇보다 과식하는 식습관을 개선하는 것이 좋다. 폐를 보해주는 소고기가 좋으며, 그 밖에도 우유, 버터, 치즈, 뿌리채소나 녹용도 잘 맞는다.

소음인은 왠지 왜소하고 허약해 보일 것 같지만, 건강한 소음인은 매우 강단 있고 튼튼한 체질이기도 하다. 소음인은 신장 기능은 튼튼하지만, 소화 기능이 약할 수 있어서 입이 짧고 기운이 부족해지기 쉽다.

소화와 비위 기능이 대체적으로 약한 만큼 음식물이 장에 길게 머무는 것이 문제가 되는데, 소화력이 약한 탓에 끼니를 건너뛰어 불규칙하게 식사를 하거나 열량이 높은 군것질을 많이 한다. 그런 만큼 기운이 부족해 움직임을 회피하다 결국 비만이 되는 경우가 많다.

기운이 부족하기 쉬운 허약한 체질이므로 과도한 운동이나 목욕으로 땀을 많이 내는 것을 피하고, 손발을 비롯해 몸을 따뜻하게 하고 마음을 편안하게 유지하는 것이 중요하다. 또한 불안해지기 쉬운 성격이므로 항상 적극적이고 긍정적으로 생각하는 것도 중요하다.

따라서 밥상에서는 모든 고민거리를 내려놓고 즐겁게 식사하는 습관을 갖도록 해야 한다. 소식하는 습관을 바탕으로 찬 음식을 주의함으로써 위의 부담을 줄여야 먹은 음식이 잘 소화되고 건강이 유지된다. 음식은 속을 따뜻하게 해주는 찹쌀이나 닭고기, 다시마가 좋으며, 그 밖에도 소화가 잘되는 음식을 먹는 것이 도움이 된다. 과격한 운동보다는 산책, 맨손체조 등 가벼운 운동을 권장하며 동일한 운동이라도 짧게 하는 것이 좋다.

소양인은 이름에서도 알 수 있듯이 열이 많은 체질이다. 그런 만큼 성격이 급하고 음식도 빨리 먹는 등 스트레스성 과식을 하는 경우가 많다. 그렇지만 대부분 소화력에 문제가 없기 때문에 급하게 먹고도 소화를 바로바로 시켜 계속해서 식탐이 늘어나는 경우를 볼 수 있다.

반면 튼튼한 소화 기능과 달리 신장 기능은 약해서 오랫동안 버티거나 견디는 지구력은 떨어지는 편에 속한다. 그렇기 때문에 용두사미처럼 일상생활에서 처음 일을 시작할 때보다 마무리가 잘 안 되는 경우가 있다.

소양인은 심리적으로 여러 가지 일을 모두 잘해야 한다고 생각한다. 특히 남에게 뒤지지 않으려는 강박이 있는데, 심리적으로도 불안하고 초조해지며 별일 아닌 것을 확대해서 받아들이기도 한다. 따라서 대소변을 매일 규칙적으로 보고 충분한 수면을 확보해 피로를 풀고, 마음에 여유를 가짐으로써 맑은 기운을 확보하는 것이 건강을 지키는 방법이다.

소양인에게는 몸에 열을 줄여줄 수 있는 음식이 적절하다. 보리밥이나 흰 살 생선류, 오이나 상추, 토마토 같은 음식이 소양인의 기본적인 특성을 완화시켜 체중을 감량하는 데 효과적이다. 음식을 섭취할 때는 급히 먹지 말고 의식적으로 꼭꼭 씹어 천천히 먹는 습관을 들이는 것이 좋다.

운동 또한 성격이 급한 만큼 금방 흥미를 느끼고 싫증도 쉽게 낸다. 따라서 한 가지 운동 방법에 국한하기보다 성격에 맞춰 다양한 종류를 시도하는 것이 좋다. 특히 하체를 강화시키는 등산이나 조깅, 러닝머신 등의 운동을 권장하며 활동적인 운동이 도움이 된다.

태양인은 우리나라에서 가장 적은 비율을 차지하는 체질로, 열이 많고 폐는 강하지만 간이 허약해 간이 주관하는 허리가 약하다. 태양인 또한 소화 기능이 좋지 않으므로 쌀밥이나 양고기, 양배추, 케일 등의 푸른 야채, 키위 등 섬유질이 풍부하고 열을 내려주는 찬 음식이 좋다. 체질상 상체에 비해 하체가 약하므로 근육운동을 통해 근력을 높인 후에 유산소운동을 하는 방식이 도움이 된다.

이처럼 모든 체질에는 장단점이 존재한다. 결국 좋은 체질, 나쁜 체질은 없다는 의미이다. 단지 체질마다 취약한 면이 다르고, 이 때문에 나타나는 증상이 서로 다를 뿐이다. 중요한 것은 이런 점을 잘 이해하고 일상생활에서 적절한 섭생을 통해 취약한 부분을 보완하는 것이다.

무엇이든 단점만 부각해 받아들이는 자세에서 벗어나, 부족한 부분을 채우고 과한 부분을 덜어내려 노력한다면 내면의 고민뿐만 아니라 보다 넓게 인간관계에서의 갈등까지 풀 수 있다. 한마디로 사상의학은 사회와 더불어 살면서, 자신과 상대의 관계에서 내외적인 균형과 조화를 이루는 사회 의학적 중용 정신을 강조한다고 할 수 있다.

사상의학에 따르면 단점 또한 노력을 통해 강점이 될 수 있다. 소음인은 본래 작은 나무만 보지만, 그 나무 하나하나를 파악해서 숲을 보는 경지가 되면 숲속의 작은 꽃 하나, 조그마한 벌레 하나까지 놓치지 않을 수 있다. 결국 모든 것을 다 보고 알 수 있는 사람이 될 수 있다.

더불어 자신에게 이로운 것을 찾는 마음으로 상대 또한 역지사지의 시선으로 바라본다면, 그 사람이 원하는 것을 누구보다 가장 먼저 찾아서 보완해주고 배려해주는 사람이 될 수 있다. 결국 최고의 배려심, 이해심, 포용력을 품은 건강한 소음인으로 거듭날 수 있다.

마찬가지로 태음인도 게으르지 않게 몸소 열심히 돌아다니면서 절세의 실력을 펼치고, 소양인 또한 꾸준한 마음을 바탕으로 결론을 잘 맺으며, 태양인도 융통성을 발휘해 불필요한 대립을 피할 수 있다.

무엇이든 단점만 부각해서 받아들이는 자세에서 벗어나, 부족한 부분을 채우고 과한 부분을 덜어내려 노력한다면 갈등 없는 인간관계, 업무의 성공과 건강까지 지킬 수 있을 것이다.

2장

불면증, 습관으로 다스리다

* * *

현대 문명의 발달 속에서 우리 몸은 어둠이 깊어지면 잠을 자고, 빛이 들면 깨는 기본적인 능력을 점점 잃어버리고 있다. 의학과 과학의 발전으로도 여전히 치료하기 어려운 불면증. 결국 치료의 핵심은 음양의 불균형을 잡고 생활 습관을 고치는 데 있다.

순환, 몸속에 흐르는 수면 원리

많은 현대인들이 문명의 발달과 함께 어두워지면 잠자리에 들고 밝아지면 깨는 수면 능력을 점차 잃어가고 있다. 잠이 드는 데 30분 이상 걸리거나 자다 깨다 하는 것을 5회 이상 반복하고, 새벽에 잠에서 깨어 다시 잠을 이루지 못하는 것을 일주일에 2~3회 이상 경험한다면 불면증이라 할 수 있다.

이런 불면증이 몇 주 이상 지속될 경우 습관성으로 발전할 위험이 있고, 수개월 이상 이어질 경우 만성 불면증으로 진단된다. 불면증은 최대한 빨리 치료받는 것이 좋은데, 시기를 놓치면 만성화되어 완치가 더욱 힘들어진다.

불면증은 치료가 어려운 만큼 근본적인 원인 파악을 위해 다양한 관점에서 접근하는 것이 중요하다. 한의학에서는 불면증의 원인을 정신적인 것에 국한하지 않고, 장부의 허실에서 기인한 것으로 본다. 간담이 허하고 몸 안의 불 때문에 몸속 수분이 마르면 불면증이 생긴다고 하는데, 간담이 서늘하다는 말이 몹시 놀라서 섬뜩하다는 정신적인 의미인 것처럼 간담이 제 기능을 하지 못하면 밤에 잠이 잘 안 오고 깊은 잠을 못 자며 무서운 꿈도 꾸게 되는 것이다.

그러므로 수면을 이루기 위해서는 몸 표면의 기운인 위기가 밤에 몸 안으로 들어가 몸속에서 원활히 순행해야 하며, 이를 위해서는 오장육부의 정기가 잘 작용해야 한다.[33] 결국 불과 관련된 심, 혈과 수분에 관련된 간과 신의 기능을 개선시켜 오장육부의 불균형을 해소하는 것이 불면증의 한의학적 치료법이다.

한의학에서 불면증에 흔히 사용하는 처방으로는 온담탕溫膽湯이 있다. 온담탕은 그 이름에서 알 수 있듯이 간의 기능과 짝을 이루는 담, 즉 쓸개를 따뜻하게 하는 한약이다. 심담의 혈을 보충하기 때문에 불안으로 잠을 자지 못할 때 효과가 있다. 심장의 화기가 심해져 열이 오르는 탓에 잠을 못 이루는 경우에는 천왕보심단天王補心丹으로 화기를 조절해 불면증을 치료한다. 이 밖에도 원인별로 다양한 한약 치료를 하는데, 여기에는 모두 해부학적인 뇌의 기능에 직접적인 영향을 주기보다 몸속의 균형을 맞추는 원리가 담겨 있다.

이와 같은 원리를 통해 불면증에 도움이 되는 음식으로는 멧대추를 꼽을 수 있다. 멧대추란 흔히 먹는 대추가 아닌 맛이 아주 셔서 산조인酸棗仁이라고 하는 대추로, 그 씨앗 속 알맹이가 간의 음기를 보충해준다. 산조인은 한의학에서 불면증에 대표적으로 사용하는 한약재로, 이를 볶아서 차로 달여 마시면 숙면에 도움을 받을 수 있다.

수면은 몸과 마음을 치유하는 가장 중요한 요소로, 어둠이 깊어지는 시간에 잠을 자고 회복함으로써 몸의 오장육부는 비로소 휴식을 취한다. 이때 제대로 된 수면을 취하지 못하면 여러 가지 건강 이상이 생기는데, 특히 여성 건강에서 불면증은 월경불순, 불임 등 다양한 질환과 관련이 있다고 알려져 있다. 따라서 불면증이 오랜 기간 지속될 때는 수면제와 같은 적극적인 약물 치료가 필요할 수도 있다.

불면증은 현대인의 난치병이라 할 만큼 치료가 어려운 질병이기 때문에 한의학과 서양의학의 통합치료가 특히 필요한 분야이기도 하다. 전문의의 정확한 진단하에 수면제를 처방받아 복용하는 한편 침, 뜸, 부항, 추나와 같은 비약물적 요법과 오장육부의 균형을 회복시키는 한약 치료를 병행하는 것이 바람직하다. 이보다 앞서 여러 생활 습관을 개선함으로써 몸 자체를 변화시키는 근원적인 치료도 잊어서는 안 된다.

허화, 삶의 질을 위협하는 수면의 질

한의학에서 이야기하는 불면의 원인은 크게 세 가지이다. 마음이 들뜬 경우, 생각이 지나치게 많은 경우, 그리고 나이가 들면서 기력이 떨어진 경우이다. 원인에 따라 치료법도 각기 다르다.

조사에 따르면 전체 인구의 3분의 1이 일생 동안 불면증을 일시적 또는 만성적으로 겪는다. 특히 65~84세의 노인 중 절반이 넘는 57.7퍼센트가 불면증이 있으며,[34] 36.7퍼센트는 잠들지 못하는 증상, 28.7퍼센트는 오랫동안 자지 못하는 증상, 19.1퍼센트는 빨리 깨는 증상으로 고통받는다.[35] 노년기 불면증은 크게 다섯 가지 신체적, 생리적, 심리적, 정신과적, 약물적 원인에서 비롯된다. 이때는 현재와 과거의 병력, 내과적·신경학적 진단 결과 등을 모두 고려해서 진단해야 한다.

한편 국민건강보험공단이 분석해 발표한 자료에 따르면 수면장애는 남성보다 여성에게서 1.5배 더 흔하게 나타났다.[36] 일반화할 수는 없지만 보통 여성의 경우 남성보다 스트레스에 민감하고 정신적으로도 예민한 경향이 있고 월경 주기에 따른 호르몬 변화와 임신, 출산, 폐경 등 일생에서 남성보다 훨씬 큰 변화들을 많이 겪는다.

그렇기 때문에 우울증이나 불면증과 같은 질환을 더 흔하게 겪는데, 40대 이후 폐경을 경험한 여성의 경우 호르몬 불균형에 의해 홍조, 식은땀 등으로 잠을 이루지 못하거나, 갱년기 우울증이 원인이 되어 불면증이 생기기도 한다. 요실금 또한 노년기 여성의 지속적인 수면을 방해하는 주요 요인이다. 임신과 출산으로 내부 장기에 생긴 신체적 변화가 수면의 질을 낮추는 것이다.

나이가 들면 잠이 줄어든다는 말처럼, 노화가 진행되면서 수면 패턴에서도 생리적 변화가 찾아온다. 개인마다 차이는 있지만 초저녁에 일찍 잠들고 아침에 일찍 깨는 수면 패턴으로 바뀌는데, 자주 깨고 얕은 잠을 자다 보니 수면의 질도 덩달아 떨어진다. 낮 동안의 쪽잠까지 모두 합치면 전체 수면 시간은 부족하지 않지만, 깊은 잠을 자지 못하기 때문에 질 좋은 수면 시간은 짧을 수밖에 없다.

한의학에서는 노화를 몸속 물이 말라가는 과정으로 본다. 불면 증 또한 젊은 나이에는 화가 심하게 타오른 결과지만, 노년기에는 물이 마르고 부족한 것이 원인이다.

앞서 이야기했듯이 나이가 들면 물이 부족해져 상대적으로 불이 많아지는데, 이에 따라 몸이 허약해져 생기는 열인 허화虛火 때문에 마음이 쉽게 안정되지 않고 밤에도 잠을 못 자게 된다. 오래된 나무의 줄기가 마르는 것같이 몸의 음혈이 마른 것이다. 그 결과 몸속의 기가 올바르게 순행하지 않아 낮에는 항상 졸리고 밤에는 잠들지 못한다. 따라서 노인의 불면증을 치료하기 위해서는 몸의 원기를 보충해주는 동시에 기의 순환을 원활하게 해주는 것이 필요하다.

자문, 결국 원인은 스스로에게 있다

많은 스트레스와 잘못된 생활 습관으로 현대인들의 수면의 질은 점차 낮아지고 있다. 만약 불면증이 아닌지 알고 싶다면 다음 항목을 통해 수면 상태를 스스로 점검해보는 것이 좋다. 혹시 자가 진단 결과 불면증이 의심된다면 반드시 전문의와 상의해 정확한 원인을 찾아내고 진단을 받아 적절한 약물 치료와 비약물 치료를 받아야 한다.

첫째, 수면 습관을 평가한다. 쉽게 잠이 드는지, 일어날 때 몸이 개운한지, 악몽에 시달리는지, 소변 때문에 중간에 일어나지는 않는지, 주변 소음이나 조명 때문에 깨지 않는지 세세하게 스스로를 평가해본다. 평가 결과가 좋지 않을 경우에는 취침 전 저녁 시간대의 습관을 바꿔보는 것이 도움이 될 수 있다.

둘째, 수면을 방해하는 원인을 찾아본다. 불면증은 원인 파악이 어려워 치료가 힘든 만큼, 원인을 발견했다면 개선할 수 있는 여지도 그만큼 커진다. 불면증이 음주나 과식 등의 특별한 사건과 연관된 것인지, 특별한 스트레스가 있는지, 잠자리에서 쓸데없는 잡념이나 공상을 하는지, 통증이나 신체적 불편이 있는지를 검토해본다.

셋째, 잠을 못 잘 때 대처해온 방법과 수면에 대한 강박이 있는지 살펴본다. 잠이 안 온다고 이 방 저 방을 옮겨가며 서성이는 것은 좋은 방법이 아니다. 자기 전에 술이나 담배를 가까이하는 것도 좋지 않다. 숙면에 대한 강박을 갖는 것도 오히려 더 큰 불안과 긴장을 유도해 수면을 망치는 결과를 가져올 수 있다. 잠자는 것 자체에 대한 걱정을 없애보자.

넷째, 하루의 활동량이 충분히 숙면을 유발할 수 있는 정도인지 따져본다. 불면증 치료에 가장 안전하고 효과적인 방법은 햇빛을 충분히 쬐면서 낮 시간에 열심히 움직이고 활동적인 운동을 하는 것이다.

이때 운동은 규칙적으로 적당히 하는 것이 좋은데, 밤늦은 시간이나 불규칙적인 시간대에 운동을 하거나 체력에 비해 과하게 운동할 경우 오히려 신체를 각성 상태로 만들어 수면을 방해한다. 무엇이든 과한 것은 좋지 않다.

하루 동안의 정신적·신체적 활동량은 비교적 꾸준히 유지하는 것이 좋다. 하는 일 없이 지루하게 보내기보다는 낮에 무엇이라도 일을 만들어 해야만 밤에 제대로 수면을 취할 수 있다. 한편 몸이 너무 피곤해도 오히려 잠을 못 자기도 하는데, 이때는 몸의 원기를 보충해 피로를 풀어주는 것이 중요하다.

다섯째, 기상 시간이 규칙적인지 점검한다. 취침이나 식사 등의 다른 일과 시간이 때때로 변경된다 해도 기상 시간만큼은 반드시 일정하게 유지하는 것이 좋다. 대부분의 사람들이 지난밤 늦게 잠이 들었을 경우 아침에 더 자야 한다고 생각해 늦잠을 자는 경우가 많다. 이는 수면 환경상 좋지 않다. 설사 늦게 잠들었다 해도 기상 시간은 일정하게 유지하는 것이 그다음 날 수면에 좋은 영향을 미친다. 낮잠의 경우 규칙적으로 30분 이내에 이뤄진다면 밤의 수면에 큰 영향을 주지 않지만 불규칙적인 낮잠은 주의해야 한다. 특히 오후 3시 이후의 낮잠은 그날 밤의 수면에 영향을 줄 수 있으므로 피해야 한다.

내면, 불면증을 치료하는 궁극의 힘

잠들기 힘든 밤, 불면증은 어두워진 속마음의 결과물이다. 동양학에서는 마음이 느끼는 감정을 오행五行의 변화로 설명한다. 오행이란 목木, 화火, 금金, 수水, 토土, 다섯 가지 자연의 성질로, 목과 화의 기운은 밝음이고 금과 수의 기운은 어두움이며, 이들을 중간에 조절하는 것이 토의 기운이다. 낮 동안 목과 화의 기운이 충분히 작용하고 마음을 움직일 수 있어야 금과 수의 차분해지는 기운이 저녁 동안 자연스럽게 찾아와 편안한 마음으로 잠을 잘 이룰 수 있다.

오행 이론에서의 핵심은 다섯 가지 성질이 조화를 이루는 것이다. 건강한 수면을 위해서는 오행에 해당하는 기운, 감정들이 조화롭게 작동해야 한다. 이를 위해서는 낮 시간대에 활동적이고 즐겁고 유쾌한 몸 상태를 만들어야 한다. 불면증은 밝음을 잃어버려서 어둠에 들지 못하는 상황일 수 있기 때문이다. 즉 환하고 밝게 살수록 깊은 잠에 들 수 있다.

결국 내면으로부터의 변화를 이끌어내야 하는 것인데, 얼핏 보기에는 다소 추상적인 개념 같지만 그렇지 않다. 수면 환경과 생활 습관 등 아주 작은 것에서부터 변화를 시도함으로써 오행의 조화를 실천하고, 궁극적으로 불면증을 극복할 수 있다.

이를 위해서는 잠자리 주변에 수면에 도움이 되는 식물을 들여놓는 것도 좋다. 국화나 쑥은 진정 작용이 있는 정유 성분을 함유하고 있으므로 잠자리 주변에 놓으면 마음이 안정되고 편안한 기분을 느끼게끔 한다. 깔거나 덮는 침구류를 자주 햇볕에 말리는 것도 도움이 된다.

또한 근육을 이완시키는 지압이나 마사지 그리고 목욕으로 긴장을 완화하는 것도 도움이 된다. 특히 목욕은 스트레스로 생긴 불면증에 효과적이다. 마사지와 목욕은 몸의 육체적 이완을 도와 이를 통해 내면까지 이완되도록 한다. 특별한 비법이 아니더라도 편안한 분위기 속에서 몸과 마음이 충분히 이완되는 자기만의 스트레스 해소법을 찾는 것도 좋다.

현대사회에서 스트레스가 전혀 없는 삶은 불가능하다. 하지만 스트레스에는 절대적인 평가 기준 또한 없다. 이 말은 외부적인 절대 기준이 아니라 자신이 대응하고 느끼는 수준에 따라 스트레스를 다르게 받아들인다는 의미이다.

스트레스가 한계에 도달했을 것 같은 극한 전쟁 상태에 있는 국가도 스포츠 경기에서만큼은 다른 국가 못지않게 열정적인 응원을 보여준다. 사소한 일상은 생각에 따라 매우 심각한 스트레스의 원인이 되기도 하지만, 이를 극복할 만한 내면의 힘을 가진 사람에게는 쉽게 흘려보낼 수 있는 가벼운 해프닝이 되기도 한다.

긍정적으로 생각하는 방법을 스스로 학습하거나 자신만의 스트레스 해소법을 하나씩 마련한다면 복잡한 세상에서 건강을 지켜나갈 수 있을 것이다. 이때 생각이 너무 많아서 가슴이 답답하다면 신경 쓰이는 문제를 해결하는 방법부터 먼저 찾는 것이 좋다. 만약 이런 노력으로도 불면증이 나아지지 않는다면 반드시 전문의의 진단하에 치료를 받아야 한다.

3장

수족냉증, 불균형을 다스리다

· · ·

수족냉증은 음양의 기혈이 어긋나 몸속에 불균형이 생긴 결과이다. 잘못된 생활 습관을 버리고 자연의 섭리대로 살아가려는 변화와 함께, 스트레스가 쌓여 울체가 되지 않도록 스스로를 다스려야 한다. 몸의 불균형은 평온한 마음 상태를 유지함으로써 개선할 수 있다.

냉증, 객관적으로 측정 가능한 고통

수족냉증은 많은 사람들이 흔하게 겪고 있지만 아직까지 특별한 병증으로 구분되어 있지 않은 질병이다. 한국표준질병사인분류표에도 정식 질병코드로 잡혀 있지 않기에, 이와 유사한 증상의 말초 혈관 질환이나 궐음증厥陰症, 비증痺症 등으로 진단한다. 그중에서도 가장 유사한 병명을 꼽는다면 레이노이드증후군을 들 수 있다.

물론 수족냉증의 증상과 완전히 동일하다고 할 수는 없다. 레이노이드증후군의 경우 혈관에 발적이 생기고 피부 색조가 변하는 등의 증상을 보이지만, 수족냉증의 경우에는 시리는 등의 증상을 제외하고 이런 변화는 보이지 않는다.

수족냉증을 손발이 차가운 증상을 포괄하는 보다 넓은 개념으로 본다면, 레이노이드증후군은 그 안에 속하는 질병으로 볼 수 있다. 레이노이드증후군은 스트레스를 받거나 추운 환경에 노출되었을 때 말초 혈관이 수축하며 증상이 나타나는데, 신체 곳곳에 산소 공급이 원활히 이뤄지지 않아 손발이 차가워지고 색이 변하며 저리는 통증을 동반한다.

냉증이란 인체의 특정 부위가 차다고 느끼는 증상으로, 이를 호소하는 사람들에게는 다른 사람들에게는 춥지 않은 온도가 차가워서 견디지 못할 정도로 느껴진다. 일반적으로 손발이나 복부가 차거나 몸에서 바람이 나온다고 표현할 정도로 발끝, 무릎, 허리가 시리고 저린 증상을 호소한다.

그중 추위와 같은 외부 자극에 혈관이 수축되면서 손이나 발과 같은 말초 부위에 혈액이 잘 공급되지 않으면 수족냉증이 발생한다. 추위나 스트레스 등의 자극으로 말초 혈관이 수축하는 현상은 분명 정상적인 변화지만, 말초 혈관이 과도하게 수축해 혈액순환 이상까지 동반한다면 정확한 원인을 찾아 관리해야 한다.

수족냉증은 여성의 경우 일반적으로 출산이나 폐경 후 산후풍이나 갱년기 증상 등으로 자율신경계가 예민해진 상태에서 나타나며, 당뇨병, 고지혈증에 의한 말초신경 질환이나 근종이나 난소 낭종, 만성 골반통, 류머티즘성 질환, 갑상샘 기능 저하증, 기타 혈관 질환 등도 원인이 될 수 있다. 그뿐 아니라 스트레스와 같은 정신적 긴장, 흡연, 불규칙한 생활 습관이 원인이 되기도 한다.

냉증이 아랫배에 심하면서 두통, 요통, 복통, 설사, 변비, 불면증 등의 증상이 함께 있는 경우에는 여성호르몬에 영향을 미쳐 월경 불순이나 월경통, 각종 염증이나 대하량 증가, 산후풍, 갱년기 증상 등의 문제로까지 이어지기도 한다. 이처럼 수족냉증은 단순히 일상생활에 불편을 주는 정도가 아니라 삶의 질까지 위협할 수 있는 질병이다.

수족냉증의 진단은 적외선 체열 카메라 촬영을 통해 이뤄진다. 수족냉증을 겪는 환자는 손발, 복부 등 냉증을 느끼는 부위의 온도가 신체의 다른 부위에 비해 상대적으로 낮게 측정되는데, 수족냉증으로 느끼는 추위가 단순히 주관적인 체험이 아니라는 것을 보여준다.

이때 체온은 외부 온도에 따라 변하기 때문에 손바닥과 팔뚝, 발등과 허벅지 등 두 지점의 온도차를 비교해 수족냉증 여부를 판단한다. 빨간색에 가까울 경우 체온이 높은 상태를, 검은색에 가까울 경우 체온이 낮은 상태를 의미하는데, 심한 경우에는 손과

발이 검게 나타나 아예 없는 것처럼 찍힌다. 그 밖에 자율신경계 이상을 측정하기 위한 자율신경 반응 검사를 실시하기도 한다.

항상성, 한기와 열기의 균형을 맞추다

한의학에서는 수족냉증을 한寒과 열熱의 불균형으로 해석한다. 몸에 한기나 열기가 쌓여 몸의 조화가 깨지고 막힌 상태인 것이다. 한의학에서 다루는 생리학, 병리학, 진단학, 방제학, 본초학 등 모든 분야가 이 한열이라는 기본 개념을 바탕으로 이뤄져 있다.

감기에 걸렸을 때 바람을 내쫓아주는 거풍약去風藥이나 차가운 한기가 들어왔을 때 몸을 따뜻하게 해주는 온리약溫裏藥, 더운 열기를 식혀주는 청열약淸熱藥이나 황련해독탕黃連解毒湯 등이 여기에 해당한다. 이런 한의학적 처방의 약리 작용은 오늘날 다양한 과학적 연구를 통해 입증되어, 국제 과학 논문 색인science citation index, SCI에 실릴 정도로 해외에서도 인정받고 있다.[37]

우리 몸은 몸속 여러 가지 기능을 항상 일정하게 유지하고자 하는 항상성의 특징을 갖고 있다. 체온이 언제나 36.5도로 유지되는 것도 그 때문이다. 이런 항상성이 깨지면 몸에 병증이 나타나는데, 수족냉증은 한열의 차원에서 항상성이 깨진 결과 나타나는 질병이다. 한의학에서 더운 여름에도 손발이나 아랫배만 차고, 에어컨 바람에도 몸이 시리는 등의 증상을 단순히 말초의 혈액순환 장애로 보지 않는 이유도 같다.

한열의 불균형은 몸속에서 음양이 조화를 이루지 못하고 있다는 의미이다. 음양의 조화와 순환의 문제가 여성 건강에서 중요한 이유는 이 둘이 완전히 떨어져 있는 것도, 전혀 다른 것도 아니기 때문이다. 따라서 단순한 혈액순환의 개선이 아니라 오장육부의 불균형을 찾아 한열, 즉 음양의 균형을 맞추는 것이 한의학적 치료의 기본 바탕이 된다.

한의학에서는 수족냉증의 원인을 한마디로 음양기불상순접陰陽氣不相順接이라고 한다. 한의학의 원천이라고 할 수 있는 동한東漢 장기張機의 『상한론傷寒論』에서도 수족냉증을 수족궐랭手足厥冷, 수족역냉手足逆冷이라고 하며, 음양의 기가 서로 만나지 못한 것이라 이야기한다.

즉 수족냉증을 비롯한 한열의 문제를 음양 두 가지 중 하나가 과도하게 적거나 기혈의 운행이 순조롭지 못해 조화가 깨진 결과 발생하는 것으로 본 것이다. 한마디로 불통즉통의 개념으로, 통하지 않아서 아픈 것이다.

한편 오장육부에는 양기를 주관하는 비장과 신장이 있다. 후천적인 영양 공급과 관련된 비장이 약해지면 양기의 생성이 어려워지고, 선천적인 체력과 관련된 신장이 약하면 인체에서 체력의 바탕이 되는 양기가 부족해진다. 결국 비장과 신장 기능에서 문제가 생기고 양기가 부족할 경우 담음이나 수독水毒 등으로 수분 대사가 잘 이뤄지지 않거나 어혈로 나쁜 피가 뭉치며 수족냉증이 유발되는 것이다.

특히 여성의 경우 기가 울체되어 순환에 어려움을 겪거나 이 때문에 감정 변화에 취약할 수 있고, 혈액순환을 원활하게 하는 심장과 근육의 힘이 남성에 비해 상대적으로 약하기 때문에 수족냉증에 더욱 취약하다. 그뿐 아니라 월경, 임신, 출산, 폐경 등 일생 동안 호르몬이나 내분비의 변화를 겪으며 받는 스트레스가 자율신경계에 영향을 미치기도 한다. 한의학에서 남성보다 여성을 치료하는 것이 열 배는 어렵다고 봤듯이, 여성에게 흔한 수족냉증 치료에도 많은 시간과 노력이 필요하다.

면역력, 수족냉증의 양상과 치료의 중요성

체온이 1도만 떨어져도 면역력이 30퍼센트나 낮아진다는 말이 있을 정도로 체온을 유지하는 것은 건강을 지키는 중요한 요소다. 그렇기 때문에 수족냉증이 있는 여성은 건강한 여성에 비해 상대적으로 허약한 체질에 기력이 부족하고 맥이 약하며 소화불량이 있는 경우가 많다. 겉으로 보기에 피부가 건조하고 안색이 창백해 보이며, 오한을 느끼기에 차가운 것보다는 따뜻한 음식을 찾고 구강 건조로 갈증 또한 잘 느낀다. 이들은 비위 기능이 약한 비허증脾虛證, 추위를 많이 타는 한증寒症, 양의 기운이 부족한 양허증陽虛證의 증상을 보인다.

하지만 같은 여성이라도 연령대에 따라 전혀 다른 원인과 양상을 보이기도 한다. 어린아이는 보통 양체陽體라고 표현할 만큼 열이 많은 것이 특징인데, 이 시기에 손발이 차다면 선천적으로 허약하거나 잘 먹지 못해 비위 기능이 약하다는 의미이다. 이 경우 잘 체하거나 설사를 하고 감기에도 자주 걸리는 등 허약한 모습을 보인다. 따라서 손발 자체를 따뜻하게 해주기보다는 잘 먹고 잘 자도록 비위 기능을 강화하는 처방으로 치료해야 한다.

20대 젊은 여성의 경우 한여름에도 에어컨 바람을 피해 두꺼운 옷을 입거나 담요를 덮고 있는 등 추위에 민감한 경우가 많다. 대부분 운동 부족이나 스트레스, 급격한 다이어트로 혈액순환이 원활하지 못한 것이 원인이다. 영양 섭취가 제대로 이뤄지지 않을 경우 양기가 부족해 비위 기능이 저하되기 때문이다.

30대 이후, 특히 산후에 찾아오는 수족냉증은 잘못된 산후조리로 인한 산후풍을 동반하는 경우가 많다. 전신 관절이 아프고 손발 외에도 등이나 복부, 다리가 시리면서 땀이 나는 경우는 치료도 힘들고 치료 기간도 많이 소요된다. 흔히 찬바람이 관절로 들어온다고 표현하는데, 이때는 관절과 근육을 튼튼하게 해주거나 혈을 보해주는 약을 통해 산후에 부족해진 기혈이나 약해진 근육을 개선하는 데 중점을 둬야 한다.

50대 이상 갱년기 여성의 경우는 여성호르몬의 급격한 감소가 원인일 때가 많다. 물의 기운이 부족해서 불의 기운이 위로 올라가므로 위로는 안면홍조 같은 상열감을 호소하면서도 허리 아래로는 냉골이라고 표현할 정도로 시린 증상이 동반된다. 열이 위로 올라오기 때문에 겨울에도 창문을 열고 자다가 땀이 식은 후 한기가 들어 감기에 걸리고 몸은 더 시리는 증상을 반복한다. 이 경우 몸을 무조건 따뜻하게 하는 것보다는 몸을 보양하고 수분을 보충해주는 약재로 치료하는 것이 좋다.

노년기에 겪는 수족냉증은 노화에 따라 몸에 양기가 줄어든 결과 발생하는데, 만성질환이나 퇴행성 관절염, 약물의 부작용이나 영양 불균형, 근력 저하 등의 다양한 요인을 찾을 수 있다. 따라서 노년기의 수족냉증은 특정한 원인을 찾기보다는 몸에 양기를 회복하는 처방과 일상생활에서의 꾸준한 노력을 통한 극복이 중요하다. 특히 노년기의 저체온은 몸의 노화나 혈류 장애, 치매 발생 위험을 증가시키므로 수족냉증을 건강과 직결된 문제로 인식하고 몸을 따뜻하게 해주는 노력을 꾸준히 해야 한다.

일반적으로 수족냉증에 좋은 음식이란 온기를 북돋아주는 재료로 만들어진 것들이다. 부추, 찹쌀, 고추, 마늘, 생강 등 음식에 흔히 사용하는 재료들이다. 이외에 쑥, 마늘, 조청이나 꿀도 손발과 하복부를 따뜻하게 해줘 냉증으로 생긴 변비나 배뇨 장애, 소화 장애에 효과적이다. 쉽게 구입할 수 있는 유자차, 모과차, 생강차 등도 좋다. 이와 더불어 에너지대사율이 높은 단백질 위주의 식단으로 영양소를 충분히 섭취하고, 비타민과 무기질이 많이 함유된 음식을 먹는 것이 좋다.

수족냉증에 좋지 않은 음식은 달고, 짜고, 매운 자극적인 음식이다. 먹고 나면 일시적으로 기분이 좋아지고 땀도 나면서 혈액순환이 잘되는 듯이 느껴지지만, 결과적으로는 부종을 악화시키고 너무 많이 먹으면 자율신경계 조절 이상까지 일으켜 냉증을 심화시킬 수 있다.

우리가 먹는 음식은 몸속에서 소화되고 흡수되어 영양분으로 변환되는데, 이는 에너지원으로서 체력의 바탕이 된다. 따라서 적절한 음식을 잘 먹어서 양기를 키우는 것은 면역력을 증가시키는 데 많은 도움이 된다. 몸의 한열을 조절하는 비장과 신장의 기능을 원활하게 유지하는 것 또한 면역력 증가와 밀접한 관련이 있다.

변증, 개인별 병증을 치료하다

수족냉증은 보통 20대에, 1년 중에는 12월부터 2월의 겨울에 많이 나타난다고 하지만 임상적으로는 오히려 한여름 또는 바람이 부는 환절기 때 증상이 심해지는 양상을 보인다. 그리고 이마저도 이런 물리적인 환경보다는 개인의 건강 상태에 더욱 큰 영향을 받는다.

따라서 수족냉증은 개인별로 서로 다른 치료가 필요하다. 이에 한의학에서는 병의 원인을 찾는 과정, 즉 변증을 통해 침, 뜸, 한약 등의 맞춤 치료를 진행한다. 이때 수족냉증 치료는 단순히 혈액순환 개선이 아니라 오장육부의 기운을 맞추고 막힌 부분을 뚫어주는 방식으로 진행된다. 가뭄에 물이 줄어 도랑이 막히면 물을 부어서 흐름을 원활하게 하듯이, 허증의 경우 기운을 보해 담음이나 어혈을 풀어 순환시키는 것이다.

수족냉증은 사상의학으로 구분했을 때 태음인과 소음인, 소양인, 태양인 순서로 흔히 나타난다. 태음인은 음이 크다는 의미인 만큼, 몸이 차서 수족냉증의 위험성이 클 것이라 생각하지만 간열증肝熱症을 앓거나 속을 끓이는 등 병적인 상태로 유발되는 경우가 많다. 속 열로 심한 변비를 앓거나 어깨가 뭉치는 등의 증세로 나타나는 만큼, 뭉친 것을 풀어 순환하도록 돕는 처방이나 운동이 적절하다.

소음인은 체질적인 특성상 소화력이 약하기 때문에 수족냉증이 잘 나타날 수 있지만 건강한 소음인은 오히려 음기보다 양기가 많은 경우도 있다. 뜨거운 음식보다는 소화와 영양 흡수가 용이한 음식을 섭취하고 이를 돕는 방식의 생활 습관을 갖는 것이 좋다.

소양인의 수족냉증은 음인과는 다른 양상을 보이는데, 겉은 추워해도 속에는 열이 많아서 매운 음식을 잘 먹지 못하고 가슴은 열감으로 답답해도 손발은 차다. 태양인은 스트레스로 몸이 붓고 순환이 안 될 경우 수족냉증이 발생한다.

그런 의미에서 침 치료는 자율신경계에도 작용하기 때문에 근육통 등의 직접적인 통증뿐만 아니라, 혈액의 흐름을 개선하고 체온을 조절하는 등 몸속 순환을 돕는 데 가장 효과적인 치료법이다. 실제로 침 치료를 한 후에 손가락의 혈류를 비교한 연구에서 가짜 침 치료군에 비해 침 치료군의 혈류가 개선된 사실이 확인되기도 했다. 이는 침 치료가 말초 혈류 개선에 효과가 있다는 것을 보여주는 결과이다.[38]

침 치료에는 인체 기혈의 순환을 도와주는 경혈經穴들, 예를 들어 정수리의 백회百會, 인중人中, 입술 아래의 승장承漿, 손끝의 십정十井, 다리 안쪽의 삼음교三陰交, 정강이뼈 쪽의 족삼리足三里, 손목의 내관內關과 외관外關 등이 사용된다.

뜸 치료 또한 수족냉증에 도움이 된다. 뜸은 단순히 피부 바깥에 온기를 주는 것이 아니라 몸속을 따뜻하게 해주는 효과가 있어 손발이나 아랫배가 찬 증상에 흔히 사용하는데, 특히 쑥 뜸에 사용하는 애엽艾葉은 성질이 따뜻하고 혈액순환을 도와 부인과 질환을 치료하는 데 좋은 약초로 알려져 있다.

『동의보감』에서도 쑥은 성질이 따뜻해서 오래된 병과 부인의 하혈을 낫게 하고 복통을 멎게 하며 설사를 그치게 한다고 했다. 뜸 치료에 사용되는 경혈은 다리의 삼음교, 발바닥의 용천湧泉, 복부의 중완中脘, 관원關元 등이다.

한약 치료를 할 때는 실제 체온이 낮은지 허증으로 인한 것인지를 반드시 구분해야 한다. 신의 양기가 부족한 신양허腎陽虛의 경우 정을 기르면서 신양을 따뜻하게 하는 한약 처방을 사용하고 비의 양기가 부족한 비양허脾陽虛의 경우 비 기능을 따뜻하게 보해주는 처방을 이용한다. 반면 손발의 끝은 차갑지만 머리나 얼굴은 뜨겁다면 몸에 수분을 보충해주는 차가운 성질의 한약을 사용하기도 한다. 수족냉증은 원인이 각각 다르기 때문에 다른 사람에게 효과적이었던 방법이라고 무조건 따라 해서는 안 된다.

사실 수족냉증은 사소한 생활 습관의 개선으로도 많은 부분을 완화하거나 예방할 수 있다. 보통 발이나 손만 따뜻하게 하는 경우가 많은데 몸 전체의 온도를 높이는 것이 더욱 효과적이다. 하지만 춥고 시린 증상을 없앤다고 장시간 사우나나 찜질을 하면 부족한 양기를 더욱 소모시켜 허증이 오히려 심화된다.

대신 족욕이나 반신욕 등으로 혈액순환을 유도함으로써 자연스럽게 음양의 균형을 맞추는 것이 좋다. 이때도 너무 장시간 할 경우 빈혈이 생길 수 있으므로, 땀이 송골송골 맺히며 전신이 따뜻하게 느껴질 정도의 약 38~40도 물에서 20분 정도 하는 것이 가장 적당하다.

몸이 차다고 무조건 두꺼운 옷을 껴입고 땀을 내면 오히려 냉증을 악화시킬 수 있으므로, 되도록 얇은 옷을 여러 겹 겹쳐 입는 것이 좋다. 또한 꽉 끼는 옷보다는 혈액순환이 용이하도록 편한 옷차림을 유지해야 한다.

평소에 목욕을 마칠 때 가볍게 냉수마찰을 하거나 꾸준한 운동을 통해 피부를 단련하고 혈액순환을 도와 추위에 내성을 길러주는 것도 좋다. 특히 근육운동을 통해 근력을 높이는 것이 중요하다.

체온은 몸속 따뜻한 액체인 혈액이 돌아다니면서 유지되는데, 이때 혈액은 근육이 많을 때 저장과 순환이 훨씬 더 용이하다. 결국 근육량이 늘면 혈액량 또한 증가하므로, 자연스럽게 체온이 상승하게 된다. 이로써 피로나 스트레스가 쌓이더라도 자율신경계가 항상 일정한 정상 리듬을 유지할 수 있도록 하는 것이다.

또한 운동 후 스트레칭 외에도 손발의 끝을 만져주는 지압이나 마사지를 통해 전신의 혈액순환을 유도하는 것이 좋다. 발은 제2의 심장이라고 할 만큼, 걸을 때마다 심장에서 나온 혈액을 퍼올리는 펌프 역할을 한다. 발 마사지는 혈액순환을 원활하게 해주고 체내에 쌓인 노폐물의 배출을 이끌어 수족냉증 치료에 도움이 된다.

수족냉증을 치료하기 위해 무엇보다 중요한 것은 자연의 섭리대로 살아가는 것이다. 많은 현대인들이 변화한 식생활과 밤낮이 바뀐 생활 패턴으로 영양 부족이 아니라 영양 불균형에 처해 있다. 음양의 기혈이 서로 만나지 못하고 균형이 깨져 있기 때문에 허한 비위를 보할 수 있도록 균형 잡힌 식단으로 규칙적으로 식사를 하고 적당한 운동을 해야 한다.

의식적으로라도 너무 기름지거나 뜨겁고 과한 음식보다는 소화를 잘 시키는 음식 위주로 섭취하고, 양기가 차오르는 시간인 오전 5시 반부터 7시 반까지의 시간대에 일어나 운동하는 생활 습관을 가지려 노력해야 한다. 스트레스가 쌓여 울체가 되지 않도록 편안한 마음 상태를 유지하려는 노력 또한 잊어서는 안 된다.

3장 수족냉증, 불균형을 다스리다   179

4장

화병, 소통으로 다스리다

. . .

음에 비해 양이 강해져서 생긴 불균형은 화병을 일으킨다. 깨진 음양의 조화는 한의학적 처방을 통해 몸을 돌보면서, 동시에 스스로 마음 상태가 어떤지 끊임없이 묻고 들어주는 자세를 갖출 때 제자리를 찾아간다.

울화, 가슴속에 맺힌 분노

과거에 화병은 모진 시집살이를 견디며 마음속 응어리를 풀어
내지 못했던 어머니 세대의 병이었다. 하지만 이제는 학교나 직장
에서 반복적으로 스트레스를 받고 이를 제대로 풀지 못하는 젊은
세대들에게도 흔한 병이 되었다.

연구에 따르면 화병의 국내 유병률은 4.2~13.3퍼센트로, 적
지 않은 사람들이 화병을 앓고 있다.[39] 또한 건강보험심사평가
원의 보건 의료 빅데이터 개방 시스템에 따르면 2014~2018년까
지 화병으로 병원을 찾은 40대 이상 환자 수는 1만 779명에서 1만
65명으로 감소했지만, 30대 이하 젊은 환자의 수는 2,585명에서

4,078명으로 오히려 증가했다.[40]

이와 같은 조사 결과는 화병이 더 이상 부모님 세대의 전유물이 아니라는 점을 보여준다. 화병은 여러 사회적 변화나 경제적 상황 등으로 스트레스를 받는 젊은 세대들에게도 점점 흔한 병으로 자리 잡고 있다.

화병은 우리나라에서 특이하게 발병하는 질환인 만큼, 전 세계적으로도 한글 병명으로 불린다. 미국 정신의학회에서도 한글 발음을 그대로 옮긴 화병Hwa-byung으로 표기하고 있으며, 『정신장애 진단 및 통계편람Diagnostic and Statistical Manual of Mental Disorder』 4판에서부터 정식으로 등재해 우리나라뿐만 아니라 국제적으로 통용되는 개념이 되었다. 이처럼 최근에는 미국을 비롯해 전 세계에서도 화병이 점차 하나의 질병으로 인정받고 있는 추세이다. 화병에 대한 이해와 처방의 중요성도 동서와 세대를 구분하지 않고 점차 높아지고 있다.

음양의 중요성에 대해 이미 여러 차례 이야기했듯이, 음양의 불균형은 여러 가지 질병의 주요 원인이 된다. 앞서 살펴본 수족냉증이 음이 강해서 나타나는 것이라면, 화병은 양이 강해지면서 유발된다.

마음의 응어리, 짐을 풀어놓지 못해 오래 묵혀두면 폭발하게 되는데 이것이 바로 화병이다. 즉 분노와 같은 부정적인 감정이 해소되지 못해 화의 양상으로 폭발하는 울화의 증상이 곧 화병인 것이다. 흔히 한이 많다, 한이 맺혔다, 울화통이 터진다 등으로 표현하는 상태이다.

화병은 분한 감정을 밖으로 표출하지 못하고 안으로 쌓고 참는 과정에서 기운이 울체되고, 기의 흐름이 장기간 원활하지 못한 채 막히면서 화로 변한 결과 발생한다. 이에 얼굴이나 가슴에 열이 오르는 상열감이나 답답하거나 무엇인가가 치받아 오르는 증상이 나타나고, 인후부에 불편감을 느끼거나 두통, 어지럼증, 구강 건조 등이 발생한다.

한의학에서는 화병을 억울하고 분한 생활이 지속되어 발생하는 병으로 본다. 따라서 오늘날 젊은 세대들의 화병 유병률이 높아졌다고는 하지만 여전히 화병은 만성적인 스트레스에 노출된 40~50대 주부에게서 가장 많이 나타난다. 지난 시대의 많은 여성들은 남편과 시부모 사이에서 갈등을 겪는 고통스러운 결혼생활이나 사회적 좌절 등의 불리하고 분한 상황 앞에서 이를 해소할 만한 적절한 방법을 찾을 수 없었기 때문이다. 여기에 분노나 슬픔을 자연스럽게 표출하기보다 감추고 숨기는 우리나라의 문화는 화병을 더욱 키우는 요인이기도 하다.

개인에 따라 감정을 적절히 표현하지 못하는 소극적이고 내성적인 성격일 경우에는 화병을 더욱 심하게 앓을 수밖에 없다. 결국 사소한 일에도 화나 분노가 치밀고 삶이 재미없거나 스스로를 초라하고 비참하게 느낀다. 화병은 스스로 스트레스의 원인을 알고 있지만 이를 해결하지 못하고 쌓아두고 방치하는 상태에서 더욱 커진다.

그러므로 과거에는 비교적 뚜렷한 원인을 가진 직접적 스트레스로 유발된 증상은 화병이라 보지 않고, 그 기간을 6개월 이상으로 설정해놓기도 했다. 하지만 최근에는 단기적으로도 화병이 발생할 수 있다고 보아 기간을 따로 규정하지는 않는다.

분노증후군, 우울증과 화병은 다르다

한의학에서 여성을 남성과 특별히 구분했던 것은 화병에서도 예외가 아니다. 화병은 환경적 요인 외에 남성과 여성의 차이에서도 크게 기인한다. 『동의보감』에서는 다음과 같이 지적한다.

남자는 양에 속하기 때문에 기를 만나도 흩어지기 쉬우며, 여자는 음에 속하므로 기가 막히는 일이 많다. 그러므로 남자의 기병氣病은 대체로 드물지만 여자의 기병은 대체로 많다.

한의학에서는 남성과 여성의 기의 흐름이 다르다고 본다. 따라서 음의 기운에 속하는 여성의 경우 기가 소통이 안 되고 울체되는 화병이 더 흔하게 나타난다고 이야기한다.

화병은 가슴이 답답하거나 숨이 막히고 무엇인가 치밀어 오르는 증상과 함께 여러 신체적인 증상도 동반한다. 화병을 진단하는 기준표에는 분노, 근심, 걱정, 억울함, 답답함, 인내 부족, 불안감, 공허함, 신경과민, 우울증 등의 심리적인 증상과 함께 두통, 목이나 가슴의 응어리, 열감, 구강 건조, 어지럼증, 불면증, 기억력 감퇴, 집중력 저하, 식욕부진이나 소화불량, 만성피로 등의 신체적인 증상들도 포함된다.

심할 경우에는 만성질환으로 자리 잡아 다른 질병과 함께 발현되기도 한다. 자율신경계나 심혈관계의 이상, 뇌혈관 질환, 골다공증, 갱년기 증상, 갑상샘 기능장애 등과 같은 치명적인 신체장애들이 합병증으로 나타날 수 있기 때문에 단순히 심리적인 문제로 무시하면 안 된다.

화병의 증상은 우울증의 신체화된 장애와 복합적으로 나타나는 경우가 많아 혼동되기도 하는데, 화병과 우울증은 여러 면에서 분명 다르다. 우울증을 앓는 사람은 감정이 무의미해지고 의욕이나 생동감이 없기 때문에 화를 내는 행동조차 하지 않지만, 화병이 있는 사람은 생동감이 넘친다. 물론 경우에 따라 화병도 우울한 증상을 동반하지만 오히려 격한 증오의 감정을 드러내며 극복에 대한 결연한 의지를 보이기도 한다.

이런 이유로 화병은 본래 우리나라 민간에서 통용되며 문화 관련 증후군으로 받아들여져 왔다. 그러나 오늘날에는 여러 가지 구체적인 증세에 따라 개념이 더욱 확대되면서 분노증후군으로 이해된다.

화병은 단순히 정신적인 증상만을 동반하는 것이 아니기에, 치료할 때도 신체적인 증상까지 완화할 수 있는 방법을 함께 사용하는 것이 중요하다. 그런 면에서 한의학의 치료법은 상당히 큰 도움이 된다. 한의학에서는 같은 증상이라 할지라도 원인에 따라 이에 맞는 처방이 서로 달라지기 때문이다. 실제로 한의학 치료를 받은 후에 화가 내려가고 마음이 편안해지는 효과를 거두는 경우가 많다.

화병이 있으면 몸에 찬 기운과 더운 기운이 제대로 순환하지 못해 열기는 위로, 냉기는 아래로 쌓이게 된다. 이처럼 수승화강이 제대로 이뤄지지 않을 때는 찬 기운을 올리고 따뜻한 기운을 내리는 처방을 통해 몸의 원활한 순환을 돕는다. 담음이나 어혈을 제거해주는 것 또한 같은 개념이라 할 수 있다. 도로에 장애

물이 있으면 이를 제거해야 원활히 통행할 수 있는 것과 같은 이치이다.

따라서 기혈이 다니는 도로에 담음이나 어혈이라는 찌꺼기가 쌓여 있을 경우 반하半夏나 진피陳皮 같은 약재들이 포함된 처방으로 치료한다. 반면 기운이 약하거나 혈이 부족해서 생긴 화병에는 당귀當歸, 숙지황熟地黃, 맥문동麥門冬처럼 기혈을 보충해주는 약을 사용한다. 마음이 불안하고 초조할 경우에는 안정을 주는 백복신白茯神, 원지遠志, 석창포石菖蒲가 들어간 처방으로 치료한다.

한의학의 침과 뜸도 화병의 답답함과 치밀어 오르는 증상을 치료하는 데 매우 효과적이다. 특히 침은 뭉쳐 있고 편중된 기를 순환시켜 균형을 맞춰주므로 효과가 매우 좋다. 침 역시 한약 처방과 마찬가지로 전문 한의사에게 환자의 변증에 따라 처치를 받는 것이 가장 효과적이다.

간위선천, 정신을 해독하다

스트레스에 반응하는 행동이 저마다 다르듯이, 화병은 감정이 드러나는 병인 만큼 사람에 따라 서로 다른 방식으로 표출된다. 열이 많고 적음에 따라, 성격이 내향적인지 외향적인지에 따라 다르게 나타난다.

열이 많은 체질의 경우 화병에 걸릴 위험이 크기는 하지만, 그렇다고 몸이 찬 체질이라고 해서 화병이 나타나지 않는 것은 아니다. 체력이 약해서 손발은 차고 열은 상기되는 허혈 상태에서의 열은 실제 열이 있는 실열實熱과는 다르기 때문에 증상이 달리 나타날 수 있다.

한의학에서는 여성의 건강과 밀접한 연관을 가진 장부로 간, 비장, 신장을 이야기한다. 그중에서도 특히 간은 피를 저장한다는 의미의 간장혈肝藏血, 막힌 것을 통하게 하고 엉킨 것을 순환한다는 의미의 간주소설肝主疏泄, 온몸의 근육을 주관한다는 의미의 간주근肝主筋이라고 불릴 정도로 여성의 건강과 관련한 다양한 역할을 담당한다.

온몸으로 기혈을 순환시키고 저장하는 역할을 하면서 궁극적으로 정신적 스트레스를 해독해주는 중요한 역할을 하는 것이다. 이때의 간은 해부학적인 간liver이 아니라 더 넓은 개념의 목기木氣에 해당하는 것으로, 기능적인 인체 생리를 모두 포함하는 한의학적 개념이다.

비장은 소화된 음식물에서 나온 영양소를 운화運化하는데, 운화란 음식물을 소화 흡수해서 기혈, 즉 에너지를 만들어 온몸에 운반하는 것을 말한다. 운화라는 순환의 과정에서 혈관 내로 피가 잘 흐르고 도는 것을 주관한다는 의미의 비통혈脾統血 역할을 하는 것이다.

심장의 펌프질은 온몸의 혈이 돌게 하는 가장 근본적인 힘이지만, 심장이 보낸 혈액이 혈관 안으로 잘 돌아가 출혈이 생기지 않도록 통제해주는 것이 비장의 역할이다. 한의학에서 자궁출혈이나 갱년기 출혈 등 부정 출혈이 있을 때 귀비탕歸脾湯을 처방하는 것도 비위의 기능을 개선시켜 혈류 순환이 정상적으로 돌아오게 하는 원리이다.

신장은 몸에서 가장 근본적인 장기이다. 수분을 만들어 온몸에 퍼지도록 하는 역할을 하며, 면역 기능과도 밀접한 관련이 있다. 신장이 태어나면서부터 갖고 있는 좋은 기운인 선천지기先天之氣를 담당한다면, 비장은 이후에 길러지는 기운인 후천지기後天之氣를 담당한다.

이처럼 간, 비장, 신장은 여성 건강에서 핵심적인 장부이면서 현대 여성의 생활 방식과 관련해 더욱 중요하게 여겨지는 장부다. 그중에서도 간은 여자이간위선천女子以肝爲先天이라 할 만큼 특별히 여겨진다. 여자는 간을 선천의 근본으로 삼는다는 뜻 안에는 여성에게 간이 그만큼 중요하다는 의미가 담겨 있다. 여성의 일생에서 성장과 발육, 월경과 임신, 출산, 노화의 과정 중 간이 무엇보다 핵심적인 장부로서 역할을 하는 것이다. 실제로 여성의 일생 중 각 시기별로 사용하는 처방에는 간에 좋은 약재들이 여럿 포함된다.

그뿐 아니라 간은 몸에서 정신적 해독 작용을 한다. 따라서 화병을 비롯해 스트레스로 생긴 여성 질환에는 간의 기운이 잘 소통되도록 순환해주는 소요산逍遙散과 같은 처방을 쓴다. 화병에는 그 밖에도 다양한 원인이 존재하므로, 변증에 따라 서로 다른 처방이 내려진다.

음이 부족해 수분이 마른 결과 가짜 열이 생기는 음허화왕陰虛火旺, 심장과 신장이 서로 이어지지 못하는 심신불교心腎不交 등이 그 예다. 특히 심신불교는 심장의 양의 기운과 몸의 수분을 관장하는 신장의 음의 기운 사이의 균형이 깨진 결과 수승화강이 이뤄지지 않는 상태이다. 본래 심장의 양의 기운은 신장에 영향을 미쳐 정신적인 부분까지 주관하고, 신장의 수분은 심화心火를 조절해 불이 넘쳐나가지 못하도록 조절하며 음양의 균형 상태를 맞춘다. 그런데 이런 제약 관계가 깨지면 가슴이 답답하고 두근거리며 잠을 못 자는 증상들이 나타나는 것이다.

한편 흔한 여성 질환인 질염이나 대하도 간의 열과 관련이 있다. 한의학에서는 피부가 가려운 소양감과 함께 색이 있는 분비물을 동반하고 냄새가 나는 등 비뇨기나 생식기관에 생기는 염증의 원인도 열에 있다고 본다. 따라서 이때는 간의 열을 없앤다는 사간의 원리가 담긴 용담사간탕龍膽瀉肝湯을 처방한다.

3초, 화를 진정시키는 시간

화병은 우리나라 고유의 명칭이 전 세계적으로 통용될 정도로 이제 현대인에게 흔한 질병이 되었다. 또한 젊은 세대를 중심으로 늘어나고 있는 만큼 정신적인 고통뿐만 아니라 뇌 질환을 비롯한 신체적인 질병으로까지 발전할 위험도 증가하고 있다. 그런 의미에서 음양의 균형과 조화를 통해 화병을 치료하는 한의학적 처방은 화병이 더욱 커지기 전 근본 원인을 해결하는 데 많은 도움이 된다.

하지만 모든 질병이 그렇듯 치료보다 중요한 것은 예방이다. 화병 또한 평소 자신의 스트레스를 점검하고 이를 극복하기 위한 일상생활 속의 노력이 중요하다. 그러므로 스트레스의 원인이 되는 요인이나 상황을 스스로 되돌아보고, 이를 예방하기 위한 자신만의 방법을 찾는 것이 중요하다. 개인의 성향에 따라 다양한 방법들이 있을 텐데, 그중에서도 가장 좋은 것은 몸에 적당한 움직임을 유도하는 운동이다. 여성 건강에서 운동은 결코 빼놓을 수 없는 질병 치료법이자 예방법이다.

스트레스에는 절대량이 존재하지 않는다. 화병은 절대적인 기준이 있어 그 이상의 스트레스를 받은 결과 생기는 것이 아니라 저마다의 마음 상태에 따라 앓는 병이다. 같은 스트레스도 누군가는 의연하게 대처하며 넘기고 누군가는 고통을 호소하며 화병으로 키워갈 수 있다.

그런 의미에서 화를 잘 내는 것 또한 중요하다. 화병은 스트레스를 참고 감정을 억압한 결과 생기기 때문에 화가 넘쳐흐르기 전에 잘 내보내는 것이 중요하다. 화란 너무 참아서도 안 되고 앞뒤 가리지 않고 무작정 표출해서도 안 된다. 화를 내는 과정에서 실수하면 또 다른 스트레스가 쌓이기 때문이다.

화를 잘 내기 위해서는 분노로 폭발하기 직전 3초 정도를 참는 것이 중요하다. 3초라는 시간 동안 마음을 어느 정도 진정시킴으로써 극단적인 감정 표출을 피하고 더욱 원만하게 문제 해결을 시도할 수 있다.

감정을 소통하려는 노력도 빼놓아서는 안 된다. 가까운 사람과 대화를 주고받으며 따뜻한 시선을 통해 감정을 공유하는 것이야말로 그 어떤 특별한 방법보다 화병을 예방하는 데 효과적이다. 그러기 위해서는 평소에도 스스로의 마음 상태가 어떤지 끊임없이 묻고 점검하는 자세를 갖는 것이 좋다. 개인 차원에서의 사후적 치료보다 사람 사이의 사회적 차원에서의 사전 예방에 더욱 힘써야 할 것이다.

5장

암, 동서 의학으로 다스리다

. . .

암은 두렵고 어려운 질병인 만큼 보통 무조건 이기고 없애는 방식의
치료를 먼저 떠올린다. 하지만 암 치료를 위해서는 몸이 변화에 적극
적으로 반응하고 스스로 극복해나가는 과정을 돕는 것 또한 중요하
다. 이것이 한의학과 서양의학이 함께하는 통합치료 의학이다.

이도료병, 마음을 다스리는 한의학의 항암

한의학은 수천 년 전부터 존재한 동양 고유의 의학이지만, 오늘날 새로운 질병과 변화하는 의료 환경에 맞춰 함께 발전하고 있다는 점에서 여전히 유효하다. 과거의 지혜를 발판으로 발전하는 의료 지식을 접목해 현대적인 면모를 갖춰나가고 있는 것이다. 그런 의미에서 현대인에게 무엇보다 두려운 존재인 암은 현대 한의학의 가치를 이야기하기에 좋은 주제이다.

의학이 발달한 오늘날에도 암의 원인은 모두 밝혀지지 않았고, 여전히 암은 맞서 싸워내기 어려운 병으로 여겨진다. 암만큼 환자와 의료인을 한없이 작아지고 불안하게 만드는 질병은 없다.

미국의 리처드 닉슨Richard Nixon 대통령이 국가암법National Act of Cancer을 제정하고 암과의 전쟁War on Cancer을 선포한 1971년 이래로 40여 년 동안 미국에서 암 정복을 위해 사용한 예산은 2000억 달러 이상이었다. 하지만 그런 노력에도 암을 극복하지는 못했다.[41]

물론 포기한 것은 아니다. 2016년 오바마 정부는 암 정복 국가 정책National Cancer Moonshot Initiative을 통해 다시 한번 정복 의지를 되새겼다. 달 탐측선을 발사moonshot하듯이, 초기 단계의 연구부터 정책에 이르기까지 다시 한번 암 정복을 목표로 첫발을 내딛어보자는 의미였다.

한의학에서 바라보는 암은 단순히 전쟁에서 이겨야 할 적군도, 정복해야 할 새로운 행성도 아니다. 암을 단순히 없애야 하는 세포 단위의 조직으로만 보면 환자의 몸 상태가 간과되기 쉽다. 암을 앓고 있는 환자의 몸에 집중하는 것, 이로부터 무엇을 바꾸고 극복해야 하는지 고민하는 것이 더욱 중요하다는 이야기이다. 이 것이 환자 중심의 한의학이 수천 년의 세월 동안 유지해온 치료의 핵심이다.

암을 정복하거나 제거해야 하는 전쟁의 대상으로만 바라보면 환자를 놓치는 우를 범하고 만다. 암 자체보다는 환자에 집중하고 환자 중심의 치료를 하는 것이 무엇보다 중요하다.

한의학에서는 병의 내부 요인이나 외부 인자를 제거하는 치료도 중요하지만 몸이 변화에 적극적으로 반응하고 스스로 극복해 나가는 과정을 더욱 중요하게 여긴다. 마음을 다스리는 것이 암을 치료하고 예방하는 핵심인 것이다. 이것이 앞서 이야기한 마음가짐으로 병을 치료한다는 이도료병의 원리이다.

한의학의 이런 개념은 오늘날 중요하게 떠오르고 있는 면역력과도 일치한다. 한의학에서는 이를 앞서 언급한 정기존내 사불가간, 즉 정기가 몸에 충만하면 사기가 침범하지 못한다고 본다. 따라서 외부 병인으로부터 맞서 싸우고, 치료 과정을 버틸 수 있는 면역력을 키우기 위해 아프고 반응하는 각각의 변증에 맞춰 환자 개개인을 이해하고 몸속 균형을 맞추고자 한다. 암 치료에서 또한 원활한 음양의 소통을 통해 수승화강으로써 오장육부의 건강을 지키고자 하는 것이다.

보완치료, 암을 극복할 몸을 만들다

항암에 대한 서양의학의 표준치료에는 수술, 방사선, 약물 등 다양한 방법이 있다. 그만큼 오늘날에는 치료법도 상당히 발달해 초기에 발견하면 완치 후 정상적인 일상생활이 가능한 경우도 꽤 많다.

보건복지부에 따르면 우리나라 여성에게 가장 많이 발생하는 암은 유방암으로, 2014~2018년 유방암 수술 환자의 5년 생존율은 93.3퍼센트에 달했다. 갑상샘암 100퍼센트, 전립샘암 94.4퍼센트 다음으로 높은 비율로, 위암 77퍼센트, 대장암 74.3퍼센트, 간암 37퍼센트, 폐암 32.4퍼센트와 비교해봤을 때도 예후가 좋다.[42] 조금 과장하면 거의 완벽에 가까운 치료 효과라고도 할 수 있다.

하지만 암 환자나 가족이 느끼는 공포나 불안감은 완전히 해소되지 않는다. 암의 경우 환자마다 병의 상태나 예후가 다르기 때문에 재발할지 모른다는 공포감을 완전히 떨치기 어렵다. 따라서 높은 효과를 보이는 치료법이 있다고 해도 환자의 불안한 마음을 달래주기 위한 노력을 멈춰서는 안 된다. "환자에게 해가 되는 것을 하지 마라Primum Non Nocere"는 히포크라테스Hippocrates의 말처럼 환자의 완치를 위해 도움이 되는 것이라면 해로운 것을 제외하고는 무엇이든 해야 한다.

그러나 동전에 양면이 있듯이 항암 화학 요법은 시행 후에 뜻하지 않은 여러 가지 부작용을 일으키기도 한다. 이는 항암 치료 후에 시행하는 호르몬 요법 등에서도 마찬가지이다. 여기에 바로 한의학과 서양의학이 융합해야 하는 이유가 숨어 있다. 암 치료를 보완할 수 있는 치료, 이것이 암 치료에서 간과해서는 안 되는 현대 한의학의 치료이기 때문이다.

한의학적 보완치료는 몸의 건강을 지키면서도 삶의 질을 떨어뜨리지 않는 역할을 한다. 타목시펜tamoxifen과 아로마타제 인히비터aromatase inhibitor는 유방암 환자의 호르몬 치료에 사용하는 대표적인 약물이다. 그중에서도 타목시펜은 여성호르몬인 에스트로겐의 생성과 대사에 작용해 이를 억제하는 역할을 하는데, 이 때문에 치료 과정에서 여러 갱년기 증상과 비슷한 불편함을 어쩔 수 없이 유발하기도 한다.

일반적으로 서양의학에서는 갱년기 증상에 호르몬 대체 요법을 사용한다. 하지만 유방암은 여성호르몬으로 유발되는 대표적인 암이기 때문에, 유방암 환자에게는 호르몬 대체 요법을 사용할 수 없다.

이때 한의학의 보완치료가 제 역할을 한다. 전침을 비롯한 침 치료나 호르몬이 포함되어 있지 않은 가미소요산 등의 한약 치료를 통해 갱년기 증상과 유사한 여러 증상들을 개선함으로써 유방암을 극복할 수 있는 건강 상태로 회복시키는 것이다.

아로마타제 인히비터 또한 허혈성 심장 질환, 고지혈증, 고혈압 등 심혈관계 질환의 위험성을 증가시키고, 관절을 비롯한 근골격계의 통증을 유발한다. 이를 투여한 환자들에게는 관절 통증, 상열감, 땀이 계속해서 나는 한출, 골다공증이나 체중 증가가 나타난다. 이때 한의학의 보완치료를 병행하면 혈관 운동성 증상들을 개선하는 데 좋은 효과를 거둘 수 있다.

암은 치료 후 바로 건강이 회복되는 가벼운 질병이 아니기에 이후의 관리가 무엇보다 중요하다. 암 치료 기간이 길수록 삶의 질을 높일 수 있는 보완치료의 필요성과 당위성이 더욱 강조될 수밖에 없다.

연구에 따르면 항암 화학 요법을 받는 유방암 환자의 경우 한약을 병행하면 피로나 전신 쇠약증을 개선하는 효과가 있으며, 침이나 뜸 치료 또한 마찬가지이다.[43] 우울감 등 심리적인 면뿐 아니라 항암 치료 과정에서 겪는 안면홍조나 급격한 감정 변화 등의 갱년기 증상, 구강 건조 등의 입병, 혈액순환 장애, 오심, 구토 등의 증상 모두 한의학의 보완치료를 통해 충분히 극복할 수 있다.

통합치료, 서양에서 인정받는 동양의 의학

암을 치료하기 위해서는 음과 양이 소통하듯 한방 치료와 양방 치료를 함께 융합하려는 노력이 필요하다. 한의학의 침이나 뜸 치료와 서양의학의 방사선 요법 등 항암 치료는 서로 영향을 미치지 않아 전문가의 정확한 진단과 치료하에 안전하게 병행할 수 있다.

이는 표준치료의 부작용으로 불가피하게 치료를 중단하게 되어 치료 시기를 놓치는 등의 위험을 피할 수 있다는 점에서 더욱 긍정적이다. 환자들에게 해가 되지 않는 모든 것을 해야 한다는 히포크라테스의 말을 다시 한번 떠올려본다면, 암 치료의 표준 지침에 대치되지 않는 한의학 치료는 건강한 일상을 되찾기 위한 필수 치료라고도 할 수 있다.

이런 한의학의 보완치료는 이미 해외에서 활발하게 연구되고 있으며 실제 시행 중이기도 하다. 암 치료에 대한 세계적인 의료 기관인 미국 텍사스의 엠디앤더슨 암센터에서도 한의학의 침 치료에 대한 안내와 함께 그 효능을 설명한다. 암에 대한 통합 요법으로서의 침 치료를 통해 항암 치료로 생기는 오심, 구토, 통증, 말초 신경병증, 구강 건조, 상열감, 피로, 스트레스 등을 효과적으로 관리할 수 있다는 내용이 홈페이지에 소개되어 있다. 또한 뉴욕의 메모리얼슬론케터링 암센터의 홈페이지에도 침 치료를 통해 항암 치료 중 생기는 부작용을 다스리는 방법이 영상으로 소개되어 있다. 그 내용은 엠디앤더슨 암센터의 소개와 일치한다.

심지어 미국 국제통합암학회에서는 2017년 유방암 환자의 통합치료에 대한 진료 지침을 만들어 발표했는데, 여기에는 다양한 보완 대체 요법이 포함되어 있으며 그중에는 침 치료와 같은 한의학적 방법도 소개되어 있다. 여기에 불안감이나 스트레스, 우울감을 줄이기 위해, 또 삶의 질을 개선하기 위해 음악이나 요가, 명상, 마사지 등으로 감정을 이완하고 스트레스를 관리하라는 내용을 소개하며, 항암 요법으로 인해 오심, 구토 증상을 겪을 경우 침과 지압을 받으라는 이야기도 덧붙이고 있다.[44]

그러나 여전히 안타까운 점도 있다. 생약 등 한의학의 약물 요법이 하나의 보완치료로서 확립되지 못한 것인데, 한의학을 연구할 만한 인력과 환경을 갖춘 국가가 많지 않아서 이에 대한 지원 자체가 부족하기 때문이다.

지금까지 암에 대한 연구는 대부분 서양의학에 집중되어 있었다. 항암 치료에서 약물이나 호르몬, 방사선, 수술 요법 모두 서양의학의 결과물로, 한의학 치료를 접목하기 위해서는 연구를 통해 표준 지침으로 삼을 근거를 마련하는 것이 중요하다.

하지만 우리나라 또한 경제적 지원 규모가 현실적으로 부족해 지금까지 많은 연구가 이뤄지지 못했다. 오늘날에는 이런 점을 보완하고 널리 알리기 위해 많은 한의학 연구진들이 오랜 시간 연구를 거듭하고 있으며, 유방암 보완치료에 대한 한의표준임상진료지침을 정리하기도 했다.[45]

한편 항암 치료 과정만큼이나 암 환자들과 가족들을 힘들게 하는 것은 근거 없는 '사이비似而非' 치료법이다. 암을 비롯해 난치병 질환을 겪는 환자들과 가족들은 표준치료를 잘 받다가도 불안감과 걱정에 사로잡혀 검증되지 않은 민간요법의 유혹에 빠지게 된다. 그러나 사이비는 말 그대로 겉은 비슷해도 속은 완전히 다르다. 검증되지 않은 유사 의료 행위는 불법일 뿐만 아니라 건강과 삶의 질을 더 떨어뜨리는 폐해를 낳는다.

물론 많은 연구를 통해 표준 지침으로 삼은 치료법에도 한계나 부작용은 있기 마련이다. 따라서 전문 의료 기관에서는 환자 또한 이를 인지하고 치료를 선택할 수 있도록 돕는다. 하지만 사이비 치료법은 검증되지 않은 효과를 강조하며 좋은 결과만을 크게 부풀린다.

암을 비롯해 완치가 어려운 질병일수록 공인된 의료 기관을 통해 진단받고 표준화된 지침을 따르는 치료를 받아야 한다. 이론적으로 그럴싸하게 포장된 말이 아닌, 믿을 수 있는 공정을 통해 안전하게 생산된 약인지를 꼼꼼하게 따져야 한다.

병인, 사람을 바라보는 한의학의 관점

우리는 살아가면서 똑같은 사건을 전혀 다르게 해석하거나, 같은 물체를 달리 기억하는 경우를 심심치 않게 본다. 사건과 물체의 실체는 결국 하나지만, 관점에 따라 전혀 다르게 받아들이는 것이다. 우리 몸에 대한 한의학과 서양의학의 관점 또한 이와 같다. 표면적으로 보기에는 전혀 다른 해석처럼 보이지만 결국 하나의 실체에 대한 각기 다른 처방이다.

쉽게 말해 한의학은 병의 발생과 재발 원인을 분석하는 병인적 관점을 가진다고 할 수 있다. 염증성 질환을 예로 들면, 서양의학에서는 염증 제거에 초점을 맞춰 항생제를 사용하지만, 한의학에서는 기운이 허하다는 원인에 초점을 맞춰 기의 정상적인 순환을 돕고자 한다. 염증이라는 하나의 실체를, 바라보는 관점에 따라 달리 해석하고 이로써 두 가지 치료법이 도출되는 것이다.

병인적 관점에서는 병이 생기는 몸 자체에 대한 관찰이 중요하다. 똑같이 추위에 떨었는데도 어떤 사람은 감기 몸살을 앓고, 다른 사람은 목감기에 걸리고, 또 누군가는 멀쩡했던 경험이 있을 것이다. 따라서 한의학에서는 진료를 할 때 우리 몸 자체에 대한 관찰, 외부 자연과 상응하는 몸의 변화, 체질 등을 중요하게 여긴다.

암에 대한 한의학의 보완치료는 오늘날 해외에서도 활용하고 있을 만큼 근거를 인정받고 있다. 하지만 의외로 많은 암 환자들이 한의학의 보완치료 자체를 알지 못하는 경우가 많다. 앞으로 다학제적 방식을 통한 합리적이고 열린 시선에서 연구가 이뤄짐으로써 그 효과가 알려져야 할 것이다.

한의학은 수천 년 동안 이어져온 동양 고유의 의학이라는 점에서 무엇보다 안전한 치료법이다. 난치병을 앓는 많은 환자들과 가족들이 한의학에 대한 신뢰를 바탕으로 삶의 질을 보다 높이기를 바란다.

물론 한의학과 서양의학을 접목하는 것만으로 몸속 원리를 모두 밝혀낼 수는 없다. 이는 그림자만 보고 실체를 다 봤다고 주장하거나 우주선에서 수집한 정보만으로 우주의 끝을 알았다고 자만하는 것과 다르지 않다. 생물학, 생리학, 조직학, 분자생물학 등의 발전으로 작은 세포 단위의 존재와 작용까지 밝혀지고는 있지만, 여전히 우리 몸은 우주와 같은 미지의 영역이다.

몸에서 일어나는 현상들은 물리적 구조와 기능만으로 설명할 수 없는 부분들이 많다. 우리를 공포에 몰아넣은 바이러스성 질환들 또한 바이러스 자체에 대한 이해와는 별개로 몸속에서 어떤 작용을 하는지 모두 밝혀지지 않았다.

하지만 사람의 건강을 유지할 수 있는 자연의 기본 원리나 원칙은 과거나 지금이나 다를 바가 없다. 한의학에 담겨 있는 원리가 수천 년 전의 낡은 사상이 아닌, 오늘날까지 유효한 의학 기술로서 역할을 할 수 있는 이유이다.

부록

생활 속 운동법
....

의학이 발전한 오늘날에도 유전은 개인의 건강에 큰 영향을 미치는 요인이다. 그러나 한편으로는 같은 유전 정보를 가진 사람이 환경에 따라 전혀 다른 건강 상태를 가진 경우 또한 주변에서 심심치 않게 볼 수 있다. 어쩌면 건강을 위해서는 주어진 것보다 스스로 만들어가는 생활 습관이 더 중요할 수 있다는 의미이다. 건강한 생활 습관을 갖추는 것은 개인의 특수성을 가장 완벽히 반영한 1인용 처방이기 때문이다.

1974년 당시 캐나다 보건부 장관 마크 라론드Marc Lalonde가 쓴 「라론드 보고서Lalonde report」는 일반적으로 '건강 증진'에 대한 개념을 확립했다고 평가받는데, 의학의 발달과 보건 정책의 확립보다 중요한 것은 개인의 생활 습관이라는 점 또한 전해준다.[46] 이는 코로나19 시대를 맞이하는 현대인들에게도 큰 의미를 지닌다.

의학이 이토록 발달한 오늘날에도 아직 몸속의 원리는 상당 부분 밝혀지지 못했다. 신종 바이러스의 등장에 선진국이라 불리던 국가들의 의료 시스템은 속수무책으로 붕괴되었고, 미흡한 관리 대처 능력은 수면 위로 드러났다. 이런 상황에서 우리가 건강을 위해 비교적 쉽게, 꾸준히 할 수 있는 것은 생활 습관의 개선이다.

생활 습관의 중요성을 모르는 사람은 없다. 스트레스받지 말고 영양가 있는 것을 먹고 운동하고 푹 쉬라는 이런 기본적인 것들이 가장 지키기 어렵다는 점이 문제일 뿐이다. 그러나 세계보건기구에 따르면 일상적인 생활 습관에서 건강 위험 요인들을 없앨 경우 암의 40퍼센트, 심장과 뇌혈관 질환의 80퍼센트를 예방할 수 있다고 한다.[47]

예방은 곧 치료의 시작이다. 사망률이 높은 치명적인 질병도 생활 습관 개선으로 충분히 예방할 수 있다. 이는 여성들이 일생 동안 겪는 질병에도 동일하게 적용된다.

코어, 여성 건강의 중심

근육은 몸속에서 혈액을 저장하는 곳인 만큼 원활한 혈액순환을 위해서는 근육이 제자리에서 제 기능을 하는 것이 중요하다. 그런 의미에서 여성을 남성과 구분하는 핵심적인 구조인 골반은 여성 건강에서 매우 중요하게 여겨진다.

골반 주위의 속 근육은 규칙적이고 통증 없는 월경과 원활한 임신 그리고 산후 몸의 회복을 위해 반드시 강화시켜야 할 부분이다. 골반의 구조가 자리를 잘 잡아야 골반 속 혈류 순환이 개선되어 자궁과 난소의 생식 기능이 좋아지며, 전신 근육의 안정성 또한 확보할 수 있다.

특히 월경통은 근육이 수축할 때 발생하는 통증인 만큼 골반 주변 근육이 불균형할 때 발생하기 쉬운데, 보통 밑이 빠지는 느낌이나 허리나 배의 통증을 동반한다. 골반이 뒤틀린 경우에는 골반 변이로 척추까지 틀어지며 신경계를 자극하고, 주변 근육들이 긴장한 결과 국소적으로는 혈액순환 장애로까지 이어질 수 있다. 따라서 코어 운동을 통해 골반 주변 속 근육을 바로잡는 것이 중요하다.

코어 운동은 임신과 출산 과정에서 늘어난 인대나 관절을 수축시키고 제자리로 돌리기 위해서도 중요하다. 골반의 균형을 잡는 문제는 단순히 체형 개선이 아니라 몸 전체의 기혈 순환에 큰 영향을 미치기 때문이다. 그뿐 아니라 폐경 이후에는 하지 근육이 상지 근육에 비해 빠르게 감소하기 때문에 코어 운동으로 하체를 붙잡아줘야 한다.

이때 운동의 형태는 근육을 자발적으로 움직이는 능동 운동이어야 한다는 점도 중요하다. 틀어지거나 벌어진 골반을 바로잡는 데는 다른 사람의 힘을 통한 교정보다 스스로의 힘으로 하는 운동이 더욱 효과적이다. 근육과 인대의 복잡한 구조는 어느 한쪽만 운동하거나 자극해서는 좋아지지 않는다.

심한 경우에는 운동과 스트레칭 외에 추나 같은 치료를 적절히 받는 것도 도움이 된다. 그 밖에 지압이나 마사지를 통해 전신의 혈액순환을 유도하는 것 또한 좋다.

대표적인 코어 운동에는 플랭크가 있는데, 코어뿐만 아니라 전신 근육을 키우는 데도 도움이 된다. 배를 바닥에 대고 엎드린 상태에서 팔꿈치부터 손목까지의 전완부로 상체를 지탱하며, 어깨부터 발목까지 일직선이 되도록 몸을 들어 올린다. 이때 전완부와 발끝으로만 몸을 지지한 채로 20초~1분 정도 유지한다.

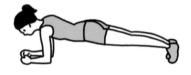

복근, 건강을 보여주는 지표

복부 비만은 비만이 초래하는 여러 대사 질환의 가장 큰 위험 요인으로, 예방을 위해서는 빠르게 걷기, 달리기, 수영, 에어로빅과 같은 유산소운동과 상하 복부와 옆구리 근육운동을 8~12주간 지속적으로 병행하는 것이 좋다. 자세가 안 좋을 경우 근육 불균형으로 부분 비만이 생길 수도 있으므로 근육 경직 예방과 혈액순환 개선을 위해 운동 전후로 스트레칭을 해주는 것이 좋다.

상복근 운동은 등을 바닥에 대고 누워 양 무릎을 세운 후 양손을 목 뒤에 깍지 껴서 대는 것이 기본 자세이다. 이 상태로 천천히 상체를 올려 어깨 부위까지만 바닥에서 뗀 후 제자리로 돌아온다. 보통 크런치 자세라고 하며, 10~20회 동작을 반복한다.

하복근 운동은 등을 바닥에 대고 양 무릎을 세워서 허벅지는 바닥과 수직이 되고 종아리는 바닥과 수평이 된 상태에서 시작한다. 양팔은 몸 가까이 쭉 뻗는다. 이 자세에서 두 무릎을 가슴 쪽으로 끌어당기며 엉덩이까지 잠깐 띄웠다가 복부의 힘으로 천천히 처음 자세로 돌아온다. 이때 힘이 풀리며 떨어지지 않도록 주의하며 동작을 10~20회 반복한다. 리버스 크런치 자세에 해당한다.

복사근 운동에는 덤벨 사이드 밴드가 있다. 한쪽 손에 덤벨을 잡은 상태로 양발을 어깨 너비 정도로 벌리고 서서 시작한다. 덤벨을 잡지 않은 손은 팔꿈치를 구부려 뒤통수에 대고, 덤벨을 든 손 쪽으로 허리를 천천히 구부려 옆구리의 자극을 느낀다. 한쪽을 10~20회 반복한 후 반대쪽도 동일한 방법으로 운동한다.

ABS, 노화를 멈추는 브레이크

기력이 떨어지고 움직임이 느려지는 것은 노화로 인한 생리적 현상이다. 어느 누구도 노화라는 시간의 흐름을 피할 수는 없다. 하지만 자동차가 브레이크로 속도를 늦추거나 안전거리를 유지하듯이, 노화에도 속도를 늦추는 브레이크는 존재한다.

자동차의 급제동을 보완해주는 ABS 브레이크처럼, 적당한 강도와 속도로 노화를 늦춰주는 운동을 ABS 운동이라고 한다. 여기에는 노년기에 필요한 유산소aerobic운동, 균형balace 유지 운동, 유연성suppleness운동이 포함된다.

유산소운동은 잘못된 근육운동으로 부상 위험이 큰 노년기에 적절한 운동이다. 빠르게 걷기 등의 유산소운동을 일주일에 4회 이상 꾸준히 하며 점차 늘려가는 것이 좋다. 이때 자세는 편안히 하되 배를 내밀지 않고 허리를 바로 세워야 한다.

노년기에는 시력이나 청력 등 감각기관이 감퇴하고 근력 또한 떨어져 균형 감각이 저하된다. 흔히 노년기에는 골다공증을 조심하라고 하는 이유도 순간적인 균형 상실로 넘어지거나 충격을 받았을 때 골절 등 더욱 큰 부상으로 이어지기 때문이다. 그러므로 평소에 의자나 벽을 잡고 한쪽 다리로 서거나 다리를 쭉 펴고 앉아 한쪽 다리를 번갈아 드는 등 균형 유지 운동을 하는 것이 좋다.

　유연성운동 또한 노년기에 필요한 운동인데, 나이가 들수록 관절이나 근육이 뻣뻣해지기 때문에 스트레칭이나 요가를 통해 계속해서 유연성을 길러주는 것이 중요하다. 이때 동작을 너무 크거나 강하게 하면 부상 위험이 있으므로 움직임이 가능한 범위 내에서 천천히 실시해야 한다.

생활 속 지압법

전문적인 침이나 뜸 치료만큼은 아니어도 일상에서 꾸준히 지압을 해주는 것도 건강에 큰 도움이 된다. 지압 자리는 한방병원에서의 침을 놓는 자리와 같으므로, 일시적으로 통증 완화 효과를 느낄 수 있다.

지압을 할 때는 몇 가지 순서가 있다. 먼저 알맞은 경혈 부위에 가볍게 손을 대고 3초 정도 지그시 누른 다음 조금 센 압력으로 5초 정도 누른다. 그런 다음 5초 정도는 뻐근한 느낌이 들 정도의 조금 더 센 압력으로 누르고 마지막 10초 정도는 시원한 느낌이 올 때까지 꾹 눌러준다. 이때 참지 못할 정도로 무조건 강하게 누르지 않도록 주의해야 하는데, 지압은 뻐근한 느낌이 조금 풀리는 정도의 압력과 세기가 적당하다. 또한 바로 눌렀다가 떼기보다는 약 2초간 서서히 압력을 풀면서 기혈이 완화되는 것을 느끼며 힘을 푸는 것이 좋다.

이처럼 10초 정도의 지압을 반복적으로 여러 번 하는 것이 좋은 지압법이다. 한쪽 손만 하기보다는 양쪽 손을 번갈아 하는 것이 더욱 효과적이며, 손의 힘이 부족하면 볼펜 등의 도구를 이용하는 것도 좋다.

백회, 모든 양기가 모이다

백회百會는 양쪽 귀에서 똑바로 올라간 선과 미간의 중심에서 올라간 선이 교차하는 머리 꼭대기 부분의 혈 자리다. 수족냉증 개선에 효과적이다.

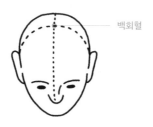

백회혈

태양, 양기가 왕성해지다

태양太陽은 양측 관자놀이의 가장 아픈 부위에 해당하는 혈 자리다. 두통이 생길 때마다 약간 아픔을 느낄 정도의 강도로 누른다.

태양혈

풍지, 나쁜 기운을 빼내다

풍지風池는 목 뒤 중앙에서 양쪽으로 약 1.5센티미터 떨어진 오목한 지점의 혈 자리다. 뒷머리가 뻐근하거나 목 뒤와 어깨 근육이 단단하게 굳은 느낌일 때 풀어주면 통증이 줄어들 수 있다.

풍지혈

안면, 편안한 잠을 가져오다

안면安眠은 양쪽 귓불 뒤의 턱 끝 각진 부분에 움푹 들어간 지점인 예풍翳風과 풍지 사이 중앙에 위치한 혈 자리다. 이름에 담긴 의미처럼 전신의 긴장을 풀어주므로 불면증에 좋다.

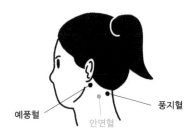

예풍혈   안면혈   풍지혈

단중, 화병을 진단하고 다스리다

단중膻中은 화병을 치료하는 혈 자리로, 양쪽 젖꼭지 사이의 가장 정중앙 부위에 해당한다. 이곳은 흉골과 얇은 근육으로만 되어 있어서 본래는 아프지 않지만, 화병이 심할 경우에는 손을 대는 것만으로도 비명을 지를 정도의 심한 압통을 느끼게 된다. 이 부분을 눌러주면 호흡기계통이나 순환계통의 답답함이 개선되어 기 순환이 원활해지고 불안하고 초조한 증상이 완화된다.

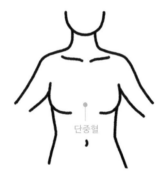

단중혈

관원, 양기를 돋우다

관원關元은 기가 지나가는 통로로, 배꼽과 치골 사이의 중앙 부위를 말한다. 수족냉증에 도움이 되는 혈 자리다.

내관, 비위의 기운을 북돋다

내관內關은 월경통과 입덧에 좋은 혈 자리다. 수술 후에 생기는 구역 구토의 발생을 상당히 유의미하게 억제하고 예방하는 항구토제 역할을 한다. 손바닥을 위로 펼치면 보이는 손목 주름에 세 손가락을 올렸을 때 그 위의 자리들이다. 정확히 한 지점을 누르기보다 그 사이의 위아래를 꾹꾹 눌러주면 된다.

외관, 혈액을 순환시키다

외관外關은 손바닥을 아래로 펼치고 반대쪽 검지와 중지를 손목에 겹쳐 올렸을 때 끝나는 지점의 중앙으로, 수족냉증에 효과가 있는 혈 자리다.

외관혈

노궁, 쌓인 피로를 풀다

노궁勞宮은 주먹을 살짝 쥐었을 때 중지가 닿는 부위로, 검지와 중지 사이의 손바닥뼈인 중수골에 움푹 들어간 곳이다. 사람에 따라서는 약지와 소지 사이로 보기도 한다. '노동'과 '궁궐'의 의미를 담은 이름만큼 묵힌 감정이나 욱하는 화를 내려서 머리를 맑아지게 하고 불안한 마음을 없애 피로 회복에 좋다. 특히 스트레스로 생긴 소화불량에 도움이 되기에 젊은 직장인들에게 유용하다.

노궁혈

환소, 난소의 기능을 되돌리다

환소環巢는 이름이 담고 있는 의미처럼 자궁의 기능을 조절해주는 중요한 부위다. 내관과 마찬가지로 월경통에 도움이 되는 혈자리이다. 약지 두 번째 마디의 외측, 즉 손등과 손바닥의 경계선 정중앙에 위치한 부위로 이 자리를 꾹 눌러주면 여러 여성 질환에 효과가 있다.

환소혈

족삼리, 비위의 기능을 조화시키다

족삼리足三里는 무릎 밑으로 다섯 손가락을 가로로 댄 만큼의 너비 아래 정강이뼈 부분의 혈 자리다. 수족냉증에 도움이 된다.

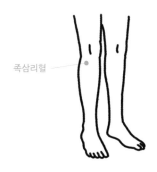

족삼리혈

삼음교, 음의 세 자리로 자궁을 치료하다

삼음교三陰交는 세 가지 음의 경락인 간경肝經, 비경脾經, 신경腎經이 만나는 대표적인 혈 자리로, 여성의 자궁과 관련된 주요 장부에 해당하는 경락이 만나는 자리다. 다리 안쪽의 복숭아뼈에서 세 손가락 정도 너비 위쪽의 정중앙 부위로, 이곳을 엄지손가락으로 꾹 눌러 자극을 준다. 월경통과 수족냉증이 완화되는 효과가 있다.

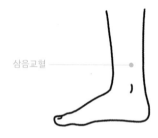

삼음교혈

태계, 가슴속 계곡을 뚫다

태계太谿는 신장의 순환을 돕는 혈 자리다. 다리의 안쪽 복사뼈 뒤쪽과 아킬레스건 사이의 부위로, 음을 보충해주는 효과가 있다. 사건 사고나 일에 쫓겨 불안할 때 마음을 진정시키는 데 도움이 된다. 한의학에서는 노화에 따라 신장이 허해진다고 보는데, 태계는 특히 신장과 관련된 기혈이 순환하는 통로이므로 갱년기 증상으로 신경이 예민해지고 불안해질 때 지압하면 좋다.

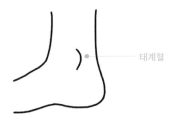

태계혈

용천, 생명의 기운이 솟다

용천涌泉은 발가락 두 번째와 세 번째 중족골 사이의 혈 자리를 말한다. 발바닥을 구부렸을 때 사람 인人 자 모양으로 오목하게 들어가는 부위다. 발은 제2의 심장이라고 할 만큼 전신의 혈액순환에 굉장히 중요한 자리들이 모여 있으므로, 몸과 마음을 안정시켜 수족냉증을 비롯해 불면증에 도움이 된다. 동시에 체력이나 정력, 지구력을 향상시키는 데 도움이 되는 지압점이기도 하다.

용천혈

우리는 이미 건강하게 사는 법을 알고 있다

우리 몸은 한의학의 접근 방법에 맞는 몸과 서양의학에 적합한 몸으로 따로 나뉘어 있지 않다. 하지만 전통적인 음식 문화와 생활 습관에 오랫동안 적응해온 우리 몸속에는 서양인과 다른 면이 분명 존재한다. 그 다른 면을 '옳고 그름의 문제'로 바라볼 것이 아니라 '서로 다름의 차이'로 인정할 때, 차이점 속에서 같은 점 또한 발견할 수 있다.

그런 의미에서 우리 몸을 건강하게 잘 지키기 위해서는 전통의 방식과 새로운 방식을 잘 조화시킬 필요가 있다. 건강에 관한 선조들의 지혜 속에서 전통과 현대의 서로 다른 관점을 찾아 이를 생각의 단초로 삼는다면, 의학의 지경을 넓힐 수 있는 동시에 우리의 건강을 지킬 수 있는 또 하나의 소중한 깨우침을 얻을 수 있을 것이다.

누구에게나 건강은 자신의 행복을 지키기 위해 없어서는 안 될 중요한 조건이다. 하지만 여러 환경적·물리적 제약 등으로, 진료실을 찾는 환자들에게 병을 치료하는 것 외에 병이 회복되는 과정이나 회복 후 일상으로 돌아가 조금 더 건강한 몸을 만드는 방법 등을 하나하나 전달하기는 결코 쉽지 않다. 이런 아쉬움과 책임감을 담아 한 명의 한의사로서, 이 시대의 건강을 책임지고 있는 의료인으로서 우리 몸이 가장 자연스럽고 행복한, 건강한 상태를 유지할 수 있는 지혜를 전달하고 싶었다.

요즘은 글자를 통해 의미 있는 것을 찾기가 가끔 어색할 때가 있다. 형형색색의 영상 자료들이 눈에 더욱 잘 들어오고 전달력도 뛰어나기 때문이다. 하지만 여전히 머릿속에 남아서 큰 여운을 주고 삶의 방향을 올바르게 잡아주는 것은 한 문장 또는 한마디의 단어이다. 이 책을 통해서도 올바른 건강을 지키는 데 도움이 되는 등대와 같은 단어나 문장이 하나라도 잘 전달되었기를 바란다.

『내가 정말 알아야 할 모든 것은 유치원에서 배웠다』라는 책 제목처럼 우리가 건강을 지키기 위해 알아야 할 것들은 유치원 시절 부모님께서 가르쳐주신 내용이다. 즉 규칙적으로 잠자리에 들고, 아침에 일어나고, 음식을 골고루 섭취하며 꼭꼭 씹어 먹고, 틈틈이 운동도 열심히 하고 개인위생 또한 청결히 해야 한다. 이처럼 이 책에서 중요하다고 강조한 건강 정보들은 어쩌면 이미 우리가 어릴 때부터 들어왔던 내용일 수 있다.

하지만 지금 이런 것들을 다시 강조하는 이유는 제대로 실천하는 사람이 굉장히 드물기 때문이다. 건강 상식을 더 많이 아는 것보다 그것을 실천하고 유지하는 것이야말로 몸을 건강하게 유지하는 가장 중요한 비결이다. 임상 현장에서 환자들을 진료하면서 일상생활 속에서 올바른 식생활, 수면과 운동 습관을 잘 유지하는 것이 어떤 치료보다 중요하다는 것을 다시 한번 느낀다. 배운 것 모두를 실천하려고 하기보다 작은 것부터 하나씩 꾸준히 실천하고 습관화하려는 것이 더 중요하다.

시대가 변해도 건강에 대한 정보는 언론 보도나 방송 프로그램에서 가장 꾸준하게 관심을 끄는 주제이다. 많은 방송 매체들이 다양한 주제와 내용으로 각종 전문가들을 통해 수많은 정보를 전달한다. 시청자 입장에서는 새롭게 얻은 많은 정보를 이용해 스스로 몸을 진단하고 판단할 수 있다고 느낄 수도 있다. 하지만 언론은 보편적인 정보를 다룰 수밖에 없는 한계를 지닌다.

반면 임상 현장에서 만나는 환자들은 대부분 보편적인 유형에 해당하지 않는 경우가 많다. 이처럼 일반적이지 않은 경우까지 감별해서 정확한 진료와 치료를 하는 것은 전문 의료인의 영역이고 능력이다. 아무리 그럴듯하게 들리는 이론으로 설명을 잘하는 사람이 있더라도 그 사람이 의료인으로서 공식적으로 인정하는 교육 과정을 거쳐왔고, 국가에서 인정하는 국가고시를 통해 면허증을 받은 사람인지 꼭 확인해야 한다. 사이비 의료인의 말이 아무리 그럴싸해 보여도 그 말대로 실천할 때 제대로 치료가 되는지는 전혀 별개의 문제이기 때문이다.

이 책이 오랜 세월 축적된 이론을 바탕으로 건강하게 살 수 있는 지혜를 담고 있다고 해도 이 정보만으로 질병을 스스로 치료할 수는 없다. 이미 질병을 앓고 있다면 반드시 전문 의료인에게 치료를 받아야 한다. 그러나 질병이 오기 전에 우리 몸을 건강하게 유지하고 행복하게 살아가는 데 도움을 받고 싶은 이들에게는 이 책 속 건강의 지혜가 큰 도움이 되기를 희망해본다.

EBS를 통해, 평소 진료하면서 다 하지 못했던 이야기를 전할 좋은 강연 기회가 생겼고, 그 내용을 책으로 펴내게 되었다. 도움을 주신 많은 분들께 진심으로 깊은 감사 인사를 드리고 싶다. 건강에 관한 정보는 이미 넘쳐나지만 '쉽게 이해할 수 있는 한의학'을 통해 독자들이 건강에 관한 넓은 시야를 가질 수 있도록 돕고 싶었다. 여전히 글을 제대로 쓰는 것이 어렵다는 것을 느끼며 부족한 글솜씨지만 많은 노력을 기울였다. 부디 이 책의 핵심 내용이 잘 전달되어 여성들의 건강과 행복에 큰 도움이 되기를 기원한다.

참고 문헌

1. Maya Dusenbery, *Doing Harm*, HarperOne, 2017.

2. 손창균 외, 「2009년도 환자조사 심층분석」, 보건복지부·한국보건사회연구원, 2011.

3. Lee JW. et al., A Study on Overall Status and Statistical Analysis of Hospitalized Patients after Gynecological Surgery. *J Korean Obstet Gynecol.* 2017;30(3):40~53.

4. Woo HL. et al., The Efficacy and Safety of Acupuncture in Women with Primary Dysmenorrhea. *Medicine.* 2018;97(23):e11007.

5. Bajalan Z. et al., Nutrition as a Potential Factor of Primary Dysmenorrhea. *Gynecol Obstet Invest.* 2019;84(3):209~224.

6. Tadese M. et al., Prevalence of Dysmenorrhoea, Associated Risk Factors and its Relationship with Academic Performance among Graduating Female University Students in Ethiopia, *BMJ Open.* 2021;11(3):e043814.

7. 황나미 외, 「2016년도 난임부부 지원사업 결과분석 및 평가」, 보건복지부·보건사회연구원, 2017.

8. Jonathan S. Berek, *Berek & Novak's Gynecology*, Wolters Kluwer Health, 2019.

9. Miranda-Garcia M. et al., Effectiveness and Safety of Acupuncture and Moxibustion in Pregnant Women with Noncephalic Presentation. *Evid Based Complement Alternat Med*. 2019;2019:7036914.

   Van den Berg I. et al., Cost-Effectiveness of Breech Version by Acupuncture-Type Interventions on BL 67, Including Moxibustion, for Women with a Breech Foetus at 33 Weeks Gestation. *Complement Ther Med*. 2010;18(2):67~77.

10. Neri I. et al., Acupuncture Versus Pharmacological Approach to Reduce Hyperemesis Gravidarum Discomfort. *Minerva Ginecologica*. 2005;57(4):471~475.

11. Institute of Medicine, *Nutrition during Pregnancy*, National Academy Press, 1990.

12. Hatch M. et al., Maternal Leisure-Time Exercise and Timely Delivery. *Am J Public Health*. 1998;88(10):1528~1533.

13. Lu H. et al., Effectiveness of Acupuncture in the Treatment of Hyperemesis Gravidarum. *Evid Based Complement Alternat Med*. 2021;2021:2731446.

14. Chuang CH. et al., Chinese Herbal Medicines Used in Pregnancy. *Pharmacoepidemiol Drug Saf*. 2007;16(4):464~468.

15. Warburton D. & Fraser FC. Spontaneous Abortion Risk in Man. *Am J Obstet Gynecol*. 1964;16(1):1~25.

16. 보건복지부, 「2020년 한방 의료 이용 실태 조사 기초 보고서」, 한국한의약진흥원, 2021.

17. Jonathan S. Berek, *Berek & Novak's Gynecology*, Wolters Kluwer Health. 2019.

18. Padilla Colon CJ. et al., Muscle and Bone Mass Loss in the Elderly Population. *J Biomed(Syd)*. 2018;3:40~49.

19. 통계청, 「2020 고령자 통계」, 2021.

20. 국민건강보험공단, 「2020년 건강보험 주요통계」, 2021.

21. 도세록, 「노인의 의료이용 증가와 시사점」, 《보건복지 Issue&Focus》, 제167권, 2012, 1~8쪽.

22. Lehallier B. et al., Undulating Changes in Human Plasma Proteome Profiles Across the Lifespan. *Nature Medicine*. 2019;25(12):1843~1850.

23. 통계청, 「생명표, 국가승인통계 제101035호」, 2021.

24. 대한의사협회, 『대국민 건강 선언문』, 대한의사협회, 2017.

25. Park SG. et al., The Effects of Combined Exercise Program on Self-Reliance Physical Fitness in Elderly Women with Obesity, *The Korean Society of Sports Science*. 2013;22(6):1311~1318.

26. 소문기 외, 「노인비만의 임상적 의의에 대한 고찰」, 《대한한방비만학회지》, 제6권, 제2호, 2006, 51~58쪽.

27. 이은영 외, 「미병에 대한 한국 일반인의 인식과 미병률 현황」, 《대한예방한의학회지》, 제19권, 제3호, 2015, 1~10쪽.

28. Kim NH. et al., Body Mass Index and Mortality in the General Population and in Subjects with Chronic Disease in Korea. *PLOS ONE*. 2015;10(10):e0139924.

29. Nam GE. Obesity Fact Sheet in Korea, 2019. *J Obes Metab Syndr*. 2020;29(2):124~132.

30. Kim SJ. et al., Obesity from the Viewpoint of Metabolic Rate. *Journal of Korean Oriental Association for Study of Obesity*. 2003;3(1):95~105.

31. Tomoko F. Diet During Adolescence is a Trigger for Subsequent Development of Dysmenorrhea in Young Women. *Int J Food Sci Nutr*. 2007;58(6):437~444.

32. Tomoko F. et al., Adolescent Dietary Habit-Induced Obstetric and Gynecologic Disease (ADHOGD) as a New Hypothesis—Possible Involvement of Clock System. *Nutrients*. 2020;12(5):1294.

33. 김인구, 김중한, 「『황제내경(黃帝內經)』에 나타난 불면(不眠)의 원인(原因)에 관한 고찰(考察)」,《대한한의학원전학회지》, 제18권, 제1호, 2005, 57~66쪽.

34. 양창국 외, 「부산광역시 일지역 65~84세 노인인구에서의 수면습관 및 수면장애에 대한 조사」,《수면·정신생리학회지》, 제4권, 제1호, 1997, 66~76쪽.

35. Ganguli M. et al., Prevalence and Persistence of Sleep Complaints in a Rural Older Community Sample. *Journal of the American Geriatrics Society*. 1996;44(7):778~784.
    Gislason T. & Almqvist M. Somatic Diseases and Sleep Complaints. *Acta Med Scand*. 1987;221(5):475~481.

36. 국민건강보험공단, 「수면장애(sleeping disorder) 인구 10만 명당 연평균 증가율, 30대에서 가장 높아」, 2015.

37. Lee HS. et al., Cho-Kyung-Jong-Ok-Tang, A Traditional Korean Herbal Formula Induces Type 2 Shift in Murine Natural Killer Cell Cytokine Production. *Journal of Ethnopharmacology*. 2011;134(2):281~287.

38. Litscher G. Ten Years Evidence-Based High-Tech Acupuncture—A Short Review of Peripherally Measured Effects. *Evid Based Complement Alternat Med*. 2009;6(2):153~158.

39. Chung SY. et al., Clinical Guidelines for Hwabyung II. (Research on the Status of Hwabyung in Korea). *Journal of Oriental Neuropsychiatry*. 2013;24(special 1):15~22. 재인용.

40. 노진섭, 「청소년 '화병(火病)' 5년 새 2배 이상 증가」,《시사저널》, 2019년 6월 4일.

41. Sharon Begley, "Rethinking the War on Cancer", *Newsweek*, 2008.9.5.

42. 보건복지부, 「암등록통계」, 2021.

43. 황덕상, 「유방암의 보완치료 한의표준임상진료지침」, 대한한방부인과학회, 2017.

44. Greenlee, H. et al., Clinical Practice Guidelines on the Evidence-Based Use of Integrative Therapies During and After Breast Cancer Treatment. *CA: A Cancer Journal for Clinicians*. 2017;67(3):194~232.

45. 황덕상, 「유방암의 보완치료 한의표준임상진료지침」, 대한한방부인과학회, 2017.

46. Lalonde M. *A New Perspective on the Health of Canadians*, Government of Canada, 1974.

47. 한희준, 「운동·식사 관리해주는 '나만의 전문가' 만나세요」, 《헬스조선》, 2021년 4월 19일.

EBS 클래스ⓔ 시리즈 23

여성을 위한 내 몸 설명서

1판 1쇄 발행 2021년 12월 20일

지은이 황덕상

펴낸이 김명중

콘텐츠기획센터장 류재호 | **북&렉처프로젝트팀장** 유규오

북팀 박혜숙 여운성 장효순 최재진 | **북매니저** 박민주 | **마케팅** 김효정 최은영

렉처팀 허성호 정명 유가영 엄화은 최이슬

책임편집 김찬성 | **디자인** 디스 커버 | **인쇄** 우진코니티

펴낸곳 한국교육방송공사(EBS) | **출판신고** 2001년 1월 8일 제2017-000193호

주소 경기도 고양시 일산동구 한류월드로 281

대표전화 1588-1580

홈페이지 www.ebs.co.kr | **전자우편** ebs_books@ebs.co.kr

ⓒ 2021, 황덕상

ISBN 978-89-547-6186-4 04300
      978-89-547-5388-3 (세트)